CONSTRUCTIONARY™

English-Spanish
Up-to-Date Construction Words and Phrases

Construccionary

Publication Date: July 2000
First Printing

ISBN # 1-58001-035-0

COPYRIGHT © 2000

by

ICBO

The World's Leading Source in Code Publications

5360 Workman Mill Road
Whittier, CA 90601-2298
www.icbo.org
(800) 423-6587

ALL RIGHTS RESERVED. This publication is a copyrighted work owned by the International Conference of Building Officials. All rights reserved, including the right of reproduction in whole or in part in any form. For information on permission to copy material exceeding fair use, please contact: ICBO Publications Department.

TRADEMARKS: Constructionary and *Construccionario* are trademarks of the International Conference of Building Officials.

Comments and constructive criticism of this publication are welcome, and all such comments will be considered in future revisions. Please forward your comments to: products@icbo.org.

Printed in the U.S.A.

Preface

The *Constructionary*™ was developed to facilitate communication among the Spanish- and English-speaking communities in the construction field to increase quality and public safety on the job site. It is the result of extensive research done at different levels of the construction industry and of hard work of volunteers and ICBO staff members. One of the goals of the *Constructionary* is to improve efficiency and communications on the job site and in the office—a goal shared with the Spanish version of the *Uniform Building Code*™. It also provides a solid basis toward unifying the use of construction terms in Latin America and in the Hispanic sector of the U.S.

This guide is a simple tool that contractors, construction workers, engineers, architects, building officials and inspectors will find handy in their everyday tasks. Whether at the job site, in the office, or at the municipal countertop in the U.S. or in Latin America, this tool will help you find the most common construction terms used in the workplace.

The *Constructionary* is addressed to the building industry and contains an unmatched collection of construction terms, useful phrases, names of tools and useful tables. However, this is a living document and will continue to grow and improve. ICBO encourages feedback. Send your comments, including any terms you would like to see in future editions of the *Constructionary*, to the address on the following page.

Sergio M. Barrueto, P.E.

International Conference of Building Officials
5360 Workman Mill Rd.
Whittier, CA 90601
Tel: 800-423-6587 · 562-699-0541
Fax: 562-699-9721
E-mail: products@icbo.org

Acknowledgements

Primary recognition must be given to Terry Eddy, ICBO Human Resources Manager, for his original idea of developing a small, practical dictionary of construction terms for the bilingual and the not so bilingual members of the building industry. We also need to recognize the other team members from ICBO who contributed to the creation of this guide.

Our thanks to Sergio Barrueto, Director of International Programs and Services, who was in charge of the technical revision and to David Jamieson for his assistance in editing. Recognition should be given to Maria Aragon, Marketing Specialist, for her creativity in naming this bilingual guide. Also, thanks to Suzane Nunes, Product Development Coordinator, for believing in this product and keeping us focused on its development.

We thank Philip Ramos, Building Official from the City of Stanton, Calif.; Mark Stevens, independent building contractor; Benjamin Rodriguez, Carpenters Union Representative; David Bautista, building products sales representative; and Miguel Lamas, building inspector from the City of Pomona, Calif., for their invaluable contributions.

Editor's Note: One of the biggest challenges when deciding on the phonetic pronunciations was to simplify the approach to a complex linguistic problem. The pronunciation guides in both English and Spanish were developed from a basic communication perspective and not from the international phonetic system—as is done in most language dictionaries.

Alberto Herrera
Editor

Table of Contents

Preface iii

Acknowledgements v

Pronunciation Guide viii

English-Spanish A—Z 1

Tools 85

Useful Phrases 93

The Numbers 101

The Months of the Year 103

The Days of the Week 103

Unit Conversion Tables 105

Conversion Factors 107

Simplified Pronunciation

☞ Accents are indicated by uppercase syllables.

☞ Vowels (5)

A– pronounced **–AH** as in *father*.

E–   **–EH** as in *mess*.

I–   **–EE** as in *see*

O–   **–OH** as the first sound in *owe*

U–   **–OO** as in *boot*

☞ Diphthongs:

The most common used here are:

io–	**–EEOH**
ie–	**–YEH** (the y sounds like **ee**)
ui–	**–WEE**
ua–	**–WAH**
ue–	**–WEH**

☞ Consonants:

Same as in English except:

D is voiced

T and **P** are soft

ny as in o**ni**on

R soft, **<u>RR</u>** rolled

CH always as in **ch**urch

Abate	**Remover** *(reh-moh-VEHR)* **Anular** *(ah-noo-LAHR)*
Abatement	**Remoción** *(reh-moh-SYON)* **Anulación** *(ah-noo-lah-SYON)*
Access	**Acceso** *(ahk-SEH-soh)*
Access cover	**Tapa de acceso** *(TAH-pa deh ahk-SEH-soh)* **Cubierta de acceso** *(koo-BYEHR-tah deh ahk-SEH-soh)*
Acoustical tile	**Panel acústico** *(pah-NEL ah-COOS-tee-koh)*
Adapter fitting	**Dispositivo adaptador** *(dees-poh-see-TEE-voh ah-dahp-tah-DOHR)*
Addition	**Ampliación** *(ahm-plee-ah-SYON)* **Expansión** *(ehk-spahn-SYON)*
Additives and admixtures	**Aditivos y mezclas** *(ah-dee-TEE-vos ee mehs-klahs)*
Air compressor	**Compresor de aire** *(kohm-preh-SOHR deh AH-ee-reh)*
Aisle	**Pasillo** *(pah-SEE-joh)* **Hilera** *(ee-LEH-rah)*
Alley	**Callejón** *(kah-jeh-HOHN)*

Alter	**Modificar** *(moh-dee-fee-KAHR)*
Alteration	**Modificación** *(moh-dee-fee-kah-SYON)*
Anchor	**Anclaje** *(ahn-KLAH-heh)*
Anchor bolts	**Pernos de anclaje** *(PEHR-nohs deh ahn-KLAH-heh)* **Tornillos de anclaje** *(tohr-NEE-johs deh ahn-KLAH-heh)*
Annular grooved nail	**Clavo anular** *(KLAH-voh ah-noo-LAR)*
Antisiphon	**Antisifonaje** *(ahn-tee-see-pho-NAH-heh)*
Apartment house	**Edificio de departamentos** *(eh-dee-FEE-syoh deh deh-par-tah-MEHN-tohs)* **Apartamento residencial** *(ah-par-tah-MEHN-toh reh-see-dehn-SYAL)*
Approved	**Aprobado** *(ah-proh-BAH-doh)*
Apron	**Repisa** *(reh-PEE-sah)* **Delantal** *(deh-lahn-TAHL)* **Mandil** *(mahn-DEEL)*
Architect	**Arquitecto** *(ahr-kee-tehk-toh)*
Area drain	**Desagüe de área** *(deh-SAH-gweh deh AH-reh-ah)* **Desagüe de patio** *(deh-SAH-gweh deh PAH-tee-oh)* **Resumidero** *(reh-soo-me-DEH-roh)*
Asbestos cement shingle	**Teja de cemento de asbestos** *(TEH-ha deh seh-MEHN-toh deh ahs-BES-tohs)* **Tablilla de fibrocemento** *(tah-BLEE-jah deh fee-broh-seh-MEHN-toh)*

Asphalt	**Asfalto** *(ahs-FAHL-toh)*
Atrium	**Atrio** *(AH-tree-oh)*
Attic	**Tapanco** *(tah-PAHN-koh)* **Entrepiso** *(ehn-treh-PEE-soh)*
Automatic	**Automático** *(ah-oo-toh-MAH-tee-koh)*
Automatic closing device	**Dispositivo de cierre automático** *(dees-poh-see-TEE-voh deh SYEH-rreh ah-oo-toh-MAH-tee-koh)*
Automatic fire sprinkler system	**Sistema de rociadores automáticos** *(sees-TEH-mah deh roh-see-ah-DOH-rehs ah-oo-toh-MAH-tee-kohs)*
Automatic fire-extinguishing system	**Sistema automático de extinción de incendios** *(sees-TEH-mah ah-oo-to-MAH-tee-koh deh ehk-steen-SYON deh een-SEHN-dee-ohs)*
Awnings	**Toldos** *(TOHL-dohs)*

Back hoe	**Retroexcavadora** *(reh-troh-ex-kah-vah-DOH-rah)* **Excavadora** *(ex-kah-vah-DOH-rah)*
Backfill	**Relleno** *(reh-JEH-noh)*
Backflow	**Contraflujo** *(kohn-trah-FLOO-hoh)*
Backflow preventer	**Válvula de contraflujo** *(VAHL-voo-lah deh kohn-trah-FLOO-hoh)*
Backing	**Soporte** *(soh-POHR-teh)* **Respaldo** *(rehs-PAHL-doh)*
Balcony	**Balcón** *(bahl-KOHN)*
Ball cock	**Válvula de flotador** *(VAHL-voo-lah deh floh-tah-DOHR)* **Flotador** *(floh-tah-DOHR)* **Llave de flotador** *(JAH-veh deh floh-tah-DOHR)*
Ball valve	**Llave de flujo** *(JAH-veh deh FLOO-hoh)*
Bar	**Barra** *(BAH-rrah)* **Barreta** *(bah-RREH-tah)*
Barbed nail	**Clavo afilado** *(KLAH-voh ah-fee-LAH-doh)*
Baseboard	**Zócalo** *(SOH-kah-loh)*

Basement	**Sótano** *(SOH-tah-noh)* **Subterráneo** *(soob-teh-RRAH-neh-oh)*
Bathroom	**Cuarto de baño** *(KWAR-to deh BAH-nyoh)* **Sanitario** *(sah-nee-TAH-ryoh)*
Bathroom sink	**Lavabo** *(lah-VAH-boh)*
Bathtub	**Bañera** *(bah-NYEH-rah)* **Tina de baño** *(TEE-nah deh BAH-nyoh)* **Bañadera** *(bah-NYAH-deh-rah)*
Batten	**Rastrillo** *(rahs-TREE-joh)* **Cubrejuntas** *(koo-breh-HOON-tahs)* **Listón travesaño** *(lees-TON trah-veh-SAH-nyoh)*
Battery	**Batería** *(bah-teh-REE-ah)* **Pila** *(PEE-lah)*
Beam	**Viga** *(VEE-gah)*
Bedroom	**Habitación** *(ah-bee-tah-SYON)* **Recámara** *(re-KAH-mah-rah)* **Dormitorio** *(dor-mee-TOH-ree-oh)*
Beech	**Haya** *(AH-jah)*
Below-grade walls	**Muros por debajo del nivel de terreno** *(MOO-rohs pohr deh-BAH-ho dehl nee-VEHL dehl teh-RREH-noh*
Bleachers	**Tribunas** *(tree-BOON-ahs)* **Gradas** *(GRAH-dahs)*

Blind nailed	**Con clavos ocultos** *(kohn KLAH-vohs oh-COOL-tohs)*
Block, Blocking	**Trabas** *(TRAH-bahs)* **Trabar** *(trah-BAHR)* **Bloque** *(BLOH-keh)* **Bloquear** *(bloh-KEAHR)*
Board	**Panel** *(PAH-nehl or pah-NEHL)* **Tabla** *(TAH-blah)*
Boiler	**Caldera** *(kahl-DEH-rah)* **Boiler** *(boi-lehr)*
Boiler room	**Cuarto de calderas** *(KWAR-toh deh kahl-DEH-rahs)*
Bolt	**Perno** *(PEHR-noh)* **Tornillo** *(tohr-NEE-joh)*
Bonding jumper	**Borne de enlace** *(BOHR-neh deh ehn-LAH-seh)* **Terminal de enlace** *(tehr-mee-NAHL deh ehn-LAH-seh)*
Box nail	**Clavo para madera** *(KLAH-voh PAH-rah mah-DEH-rah)* **Clavo de cabeza grande plana** *(KLAH-voh deh kah-BEH-sah GRAHN-deh PLAH-nah)*
Brace	**Tirante** *(tee-RAN-teh)*
Bracing	**Arriostramiento** *(ah-rryohs-trah-MYEN-toh)*
Braced frame	**Estructura arriostrada** *(ehs-trook-TOO-rah ah-rryohs-TRAH-dah)* **Pórtico arriostrado** *(POHR-tee-koh ah-rryohs-TRAH-doh)*
Bracket	**Brazo** *(BRAH-soh)*

Branch	**Ramal** *(rah-MAHL)*
Brass	**Bronce** *(BROHN-seh)* **Latón** *(lah-TOHN)*
Braze	**Soldar en fuerte** *(sohl-DAR ehn FWER-teh)*
Brazing alloy	**Aleación para soldar** *(ah-leh-ah-SYON PAH-rah sol-DAR)*
Brazing flux	**Fundente para soldar** *(foon-DEHN-teh PAH-rah sol-DAR)*
Brick	**Ladrillo** *(lah-DREE-joh)*
Bridging	**Puntales de refuerzo** *(poon-TAH-les deh reh-FWEHR-soh)*
Brown coat	**Revoque** *(reh-VOH-keh)*
Building	**Edificación** *(eh-dee-fee-kah-SYON)* **Edificio** *(eh-dee-FEE-syoh)*
Building department	**Departamento de construcción/edificación** *(deh-par-tah-MEN-toh deh kohn-strook-SYON/eh-dee-fee-kah-SYON)* **Departamento de obras de edificación** *(deh-par-tah-MEN-toh deh OH-brahs deh-dee-fee-kah-SYON)* **Departamento de obras públicas/privadas** *(deh-par-tah-MEN-toh deh OH-brahs POO-blee-kahs/pree-VAH-dahs)*
Building drain	**Desagüe de la edificación/del edificio** *(deh-SAH-gweh deh lah eh-dee-fee-kah-SYON/dehl eh-dee-FEE-see-oh)* **Resumidero** *(reh-soo-me-DEH-roh)*
Building documentation	**Documentación de obra/ingeniería** *(doh-koo-mehn-tah-SYON deh OH-brah/een-he-nyeh-REE-ah)*

Building inspector	**Inspector de obras** *(eens-pek-TOHR deh OH-brahs)* **Inspector de construcción** *(eens-pek-TOHR deh OH-brahs)*
Building official	**Director de obras** *(dee-rek-TOHR deh kohn-strook-SYON)* **Jefe de obras** *(HEH-feh deh OH-brahs)* **Autoridad competente** *(ah-oo-toh-ree-DAHD kohm-peh-TEHN-teh)*
Building site	**Terreno de obra** *(teh-RREH-noh deh OH-brah)* **Sitio de construcción** *(SEE-tee-oh deh kohn-strook-SYON)* **Obra de construcción** *(OH-brah deh kohn-strook-SYON)*
Built-up roofing	**Cubierta de techo compuesta** *(koo-BYEHR-tah deh TEH-choh kohm-PWEHS-tah)*
Bundle	**Atado** *(ah-TAH-doh)* **Bulto** *(BOOL-toh)*

Cabinet	**Gabinete**
	(gah-bee-NEH-teh)
Cabinetmaker	**Ebanista**
	(eh-bah-NEES-tah)
Cable tray	**Bandeja portacables**
	(bahn-DEH-hah pohr-tah-KAH-blehs)
Caissons	**Cajones de aire comprimido**
	(kah-HOH-nehs deh ah-ee-reh kohm-pree-MEE-doh)
Canopy	**Toldo**
	(TOHL-doh)
	Cubierta
	(koo-BYER-tah)
Cantilever	**Voladizo**
	(volah-DEE-soh)
Carpenter	**Carpintero**
	(kahr-peen-TEH-roh)
Cartridge fuse	**Fusible de cartucho**
	(foo-SEE-bleh deh kahr-TOO-choh)
Casing nail	**Clavo de cabeza perdida**
	(KLAH-voh deh kah-BEH-sah pehr-DEE-dah)
Cast stone	**Piedra moldeada**
	(PYEH-drah mohl-deh-AH-dah)
	Piedra de sillar
	(PYEH-drah deh see-JAHR)
Caulking	**Masillado**
	(mah-se-JAH-doh)
	Masillar
	(mah-see-JAHR)
Cavity wall	**Muro hueco**
	(moo-roh WEH-koh)
Ceiling	**Cielorraso**
	(SYEH-loh-RRAH-soh)

Ceramic floor	**Piso cerámico** *(PEE-soh seh-RAH-mee-koh)*
Ceramic tile	**Baldosas cerámicas** *(bahl-DOH-sahs seh-RAH-mee-kahs)*
Certificate of occupancy	**Certificado de uso** *(sehr-tee-fee-KAH-doh deh OO-soh)*
Chain	**Cadena** *(kah-deh-nah)*
Chalk line	**Linea de marcar** *(LEE-neh-ah deh mahr-KAHR)* **Tendel** *(tehn-DEHL)* **Linea de gis** *(LEE-neh-ah de HEES)*
Chase	**Canaletas** *(kah-nah-LEH-tahs)* **Muesca** *(moo-EHS-kah)*
Check valve	**Válvula de contraflujo** *(VAHL-voo-lah deh kohn-trah-FLOO-hoh)*
Chimney	**Chimenea** *(chee-meh-NEH-ah)*
Chimney chase	**Acanaladura de chimenea** *(ah-kah-nah-lah-DOO-rah deh chee-meh-NEH-ah)*
Chimney, factory-built	**Chimenea prefabricada** *(chee-meh-NEH-ah preh-fah-bree-KAH-dah)*
Chimney liner	**Revestimiento de chimenea** *(reh-vehs-tee-MYEHN-toh deh chee-meh-NEH-ah)*
Chute	**Ducto** *(DOOK-toh)*
Chute, linen	**Ducto de lencería** *(DOOK-toh deh lehn-seh-REE-ah)*
Chute, rubbish	**Ducto de basura** *(DOOK-toh deh bah-soo-rah)*
Circuit	**Circuito** *(seer-KWEE-toh)*
Circuit breaker	**Apagador** *(ah-pah-gah-DOR)*

	Interruptor automático *(een-teh-rroop-TOHR ah-oo-toh-MAH-tee-koh)* **Interruptor de circuito** *(een-teh-rroop-TOHR de seer-KWEE-toh)*
Circuit breaker panel	**Cuadro de cortacircuito** *(KWAH-droh dehl kor-tah-seer-KWEE-toh)* **Tablero de cortacircuito** *(tah-BLEH-roh deh kor-tah-seer-KWEE-toh)*
Cistern	**Aljibe** *(ahl-HE-beh)* **Cisterna** *(sees-TEHR-nah)*
Clay	**Arcilla** *(ar-SEE-jah)* **Barro** *(BAH-rroh)*
Cleanout	**Registro** *(reh-HEES-troh)*
Cleanout (chimney)	**Abertura de limpieza** *(ah-behr-TOO-rah deh leem-PYEH-zah)*
Coal	**Hulla** *(OO-jah)* **Carbón** *(kahr-BOHN)*
Coarse	**Grueso** *(GRWEH-soh)* **Áspero** *(AHS-peh-roh)*
Code	**Código** *(KOH-dee-goh)*
Code official	**Autoridad competente** *(ah-oo-toh-ree-DAHD kohm-peh-TEHN-teh)* **Director/Jefe de obras** *(dee-rek-TOHR/HEH-feh deh OH-brahs)* **Oficial de códigos** *(oh-fee-SYAHL deh KOH-dee-gohs)*
Collar joint	**Junta de collar** *(HOON-tah deh koh-JAHR)*
Column	**Columna** *(koh-LOOM-nah)*

com-con	Constructionary

Combination fixture	**Artefacto de combinación** *(ar-teh-FAK-toh deh kohm-been-ah-SYON)* **Mueble de combinación** *(MWEH-bleh deh kohm-bee-nah-SYON)*
Combustible liquid	**Líquido combustible** *(LEE-kee-doh kohm-boos-TEE-bleh)*
Compression coupling	**Acoplamiento de compresión** *(ah-koh-plah-MYEHN-toh deh kohm-preh-SYON)* **Empalme de compresión** *(ehm-PAHL-meh deh kohm-preh-SYON)* **Manguito** *(mahn-GY-toh)* **Manchón de manguito** *(mahn-CHON deh mahn-GY-toh)*
Concealed spaces	**Espacios ocultos** *(ehs-PAH-syohs oh-KOOL-tohs)* **Cavidades ocultas** *(kah-vee-DAH-dehs oh-KOOL-tahs)*
Concrete	**Hormigón** *(ohr-mee-GOHN)* **Concreto** *(kohn-KREH-toh)*
Concrete cover	**Cubierta de hormigón/concreto** *(koo-BYEHR-tah deh ohr-mee-GOHN/ kohn-KREH-toh)*
Condominium	**Condominio residencial** *(kohn-doh-MEE-nee-oh reh-see-dehn-SYAL)*
Conductor	**Conductor** *(kohn-dook-TOHR)*
Conductor wire	**Alambre conductor** *(ah-LAHM-breh kohn-dook-TOHR)*
Conduit	**Conducto** *(kohn-DOOK-toh)* **Tubería** *(too-beh-REE-ah)*
Congregate residence	**Residencia comunitaria** *(reh-see-DEHN-see-ah koh-moo-nee-TAH-ree-ah)*
Connection	**Conexión** *(koh-nek-SYON)* **Unión** *(oon-YOHN)*
Connector	**Conector** *(koh-nek-TOHR)*

Construction Health and Safety	**Higiene y seguridad en la construcción** *(ee-hee-EH-neh ee seh goo-ree-DAHD ehn lah kohn-strook-SYON)*
Construction joint	**Junta de construcción** *(HOON-tah deh kohn-strook-SYON)*
Construction schedule (CPM)	**Cronograma de construcción** *(kroh-noh-GRAH-mah deh kohn-strook-SYON)* **Plan de avance de obra** *(PLAHN deh ah-VAHN-seh deh OH-brah)*
Contamination	**Contaminación** *(kohn-tah-mee-nah-SYON)*
Contraction joint	**Junta de contracción** *(HOON-tah deh kohn-trac-SYON)*
Contractor	**Constructor** *(kohn-strook-TOHR)* **Contratista** *(kohn-trah-TEE-stah)*
Coping	**Albardilla** *(ahl-bar-DEE-jah)* **Mojinete** *(mo-hee-NEH-teh)* **Cumbrera** *(coom-BREH-rah)* **Caballete** *(kah-bah-JEH-teh)*
Copper, hard drawn	**Cobre estirado en frío** *(KOH-breh ehs-tee-RAH-doh ehn FREE-oh)*
Copper, sheet	**Lámina de cobre** *(LAH-mee-nah deh KOH-breh)*
Copper, wrought	**Cobre forjado** *(KOH-breh fohr-HAH-doh)*
Cornerite	**Guardaesquinas** *(gwar-dah-ehs-KEE-nahs)*
Cornices	**Cornisas** *(kor-NEE-sahs)*
Corrosion-resistant	**Anticorrosivo** *(ahn-tee-koh-rroh-SEE-voh)* **Resistente a la corrosión** *(reh-sees-TEHN-teh ah lah koh-rroh-SYON)*

Corrosive	**Corrosivo** *(koh-rroh-SEE-voh)*
Coupling	**Acoplamiento** *(ah-koh-plah-MYEHN-toh)* **Copla** *(KOH-plah)* **Manguito** *(man-GY-toh)*
Coupling beams	**Vigas de acoplamiento** *(VEE-gahs deh ah-koh-plah-MYEHN-toh)*
Court	**Patio interno** *(PAH-tee-oh een-TEHR-noh)*
Cover, Covering	**Recubrimiento** *(reh-koo-bree-MYEHN-toh)* **Tapadera** *(tah-pah-DEH-rah)* **Revestimiento** *(reh-veh-stee-MYEHN-toh)* **Cubierta** *(coo-BYEHR-tah)*
Cracked walls	**Muros rajados** *(moo-rohs rah-HA-dohs)* **Paredes rajadas** *(pah-REH-dehs rah-HA-dahs)*
Cracks	**Rajadas** *(rah-HA-dahs)* **Grietas** *(GRYEH-tahs)* **Partidas** *(pahr-TEE-dahs)*
Crawl space	**Espacio angosto** *(ehs-PAH-syoh ahn-GOHS-toh)* **Sótano de poca altura** *(SOH-tah-noh deh POH-kah ahl-TOO-rah)*
Cross connection	**Conexión cruzada** *(koh-nek-SYON kroo-SAH-dah)*
Cross-grain	**Fibra transversal** *(FEE-brah trans-vehr-SAL)* **Contragrano** *(kohn-trah-GRAH-noh)*
Crown	**Corona (grapas)** *[koh-ROH-nah (GRAH-pahs)]*

Culvert	**Alcantarilla**
	(alkan-tah-REE-jah)
	Desagüe
	(deh-SAH-gweh)
Curb	**Guarnición**
	(gwahr-nee-SYON)
	Cordón
	(kohr-DON)
	Flanco
	(FLAHN-koh)
	Bordillo
	(bohr-DEE-joh)
Cut-off valve	**Válvula de cierre**
	(VAHL-voo-lah deh SYEH-rreh)

Damper	**Regulador** *(reh-goo-lah-DOHR)*
Dead end	**Terminal** *(tehr-mee-NAHL)* **Extremos cerrados** *(ehk-STREH-mohs seh-RRAH-dohs)* **Sin salida** *(seen sah-LEE-dah)*
Dead load	**Carga muerta** *(KAHR-gah MWEHR-tah)* **Carga permanente** *(KAHR-gah pehr-mah-NEHN-teh)*
Deck, Decking	**Cubierta** *(koo-BYEHR-tah)*
Design drawings	**Planos** *(PLAH-nohs)*
Designer	**Diseñador** *(dee-seh-nyah-DOHR)*
Detached building	**Edificación separada** *(eh-dee-fee-kah-SYON seh-pah-RAH-dah)*
Diagonal bracing	**Arriostramiento diagonal** *(ah-rryohs-trah-MYEHN-toh dyah-goh-NAHL)*
Dig	**Excavar** *(ex-kah-VAHR)*
Disability	**Discapacidad** *(dees-kah-pah-see-DAHD)*
Discharge pipe	**Tubo de descarga** *(TOO-boh deh dehs-KAHR-gah)*
Discontinuous beams	**Vigas discontinuas** *(VEE-gahs dees-kohn-TEE-nwahs)*
Dispense	**Trasvasar** *(trahs-vah-SAHR)*

| Constructionary | dis-dra |

Dispersal area, safe	**Área segura de dispersión** *(AH-reh-ah seh-GOO-rah deh dees-pehr-SYON)*
Displacement	**Corrimiento** *(koh-rree-MYEHN-toh)* **Desplazamiento** *(dehs-plah-sah-MYEHN-toh)*
Door	**Puerta** *(PWER-tah)*
Door assemblies	**Sistemas de puertas** *(sees-TEH-mahs deh PWEHR-tahs)*
Door sill	**Umbral** *(oom-BRAL)*
Doorbell	**Timbre** *(TEEM-breh)*
Doorway	**Claro de puerta** *(KLAH-roh deh PWEHR-tah)* **Entrada** *(ehn-TRAH-dah)* **Portal** *(pohr-TAHL)*
Dormer	**Buharda** *(boo-AHR-dah)*
Dormitory	**Residencias para estudiantes** *(reh-see-DEN-see-ahs PAH-rah ehs-too-DY-AHN-tehs)* **Dormitorio estudiantil** *(dor-mee-TOH-ree-oh ehs-too-dyahn-TEEL)*
Double plate	**Solera doble** *(soh-LEH-rah DOH-bleh)*
Double pole breaker	**Interruptor automático bipolar** *(een-teh-rroop-TOHR ah-oo-toh-MAH-tee-koh bee-poh-LAHR)*
Doubled	**Adosado** *(ah-doh-SAH-doh)*
Doubler plates	**Placas** *(PLAH-kahs)* **Placas de refuerzo** *(PLAH-kahs deh reh-FWEHR-soh)*
Draft stop	**Cierre de tiro** *(SYEH-rreh deh TEE-roh)* **Barrera contra corriente de aire** *(ba-RREH-rah kohn-trah koh-RRYEHN-teh deh ah-ee-reh)*

Draftsman	**Dibujante** *(dee-boo-HAHN-teh)*
Drain, Drainage	**Desagüe** *(deh-SAH-gweh)* **Drenaje** *(dreh-NAH-heh)*
Dressing room	**Vestidor** *(vehs-tee-DOHR)*
Drilling	**Perforación** *(pehr-foh-rah-SYON)*
Driven	**Impulsado** *(eem-pool-SAH-doh)*
Dry wall	**Muro en seco** *(MOO-roh ehn SEH-koh)* **Tablero de yeso** *(tah-bleh-roh deh YEH-soh)*
Dryer	**Secadora** *(seh-kah-DOH-rah)*
Dual system	**Sistema doble** *(sees-TEH-mah DOH-bleh)*
Duct	**Conducto** *(kohn-DOOK-toh)*
Dumbwaiter	**Montacargas** *(mohn-tah-KAHR-gahs)* **Montaplatos** *(mohn-tah-PLAH-tohs)*
Dwelling	**Vivienda** *(vee-VYEHN-dah)* **Residencia** *(reh-see-DEHN-syah)* **Habitación** *(ah-bee-tah-SYON)*
Dwelling unit	**Unidad de vivienda** *(oo-nee-DAHD deh vee-VYEHN-dah)* **Unidad habitacional** *(oo-nee-DAHD ah-bee-tah-syo-NAL)*

Earth work	**Terraplén** *(teh-rrah-PLEN)*
Earthquake load	**Carga sísmica** *(KAHR-gah SEES-mee-kah)*
Eave	**Alero** *(ah-LEH-roh)*
Edge (on edge)	**Canto (de canto a canto)** *[KAHN-toh (deh KAHN-toh ah KAHN-toh)]* **Borde** *(BOHR-deh)*
Egress	**Salida** *(sah-LEE-dah)*
Electrical fixture	**Artefactos eléctricos** *(ar-teh-FAK-tohs eh-LEHK-tree-kohs)*
Electrical outlet	**Enchufe** *(ehn-CHOO-feh)* **Tomacorriente** *(Toh-mah-koh-RRYEHN-teh)*
Electrician	**Electricista** *(eh-lehk-tree-SEES-tah)*
Electricity	**Electricidad** *(eh-lehk-tree-see-DAHD)*
Elevator	**Ascensor** *(ah-sehn-SOHR)* **Elevador** *(eh-leh-vah-DOHR)*
Elevator car	**Coche de ascensor** *(KOH-cheh deh ah-sehn-SOHR)*
Embankment	**Terraplén** *(teh-rrah-PLEN)*

Embedded	**Empotrados** *(ehm-poh-TRAH-dohs)* **Incrustado** *(een-kroos-TAH-doh)* **Arraigado** *(ah-rrah-ee-GAH-doh)*
Embedment	**Empotradura** *(ehm-poh-trah-DOO-rah)*
Enclose	**Encerrar** *(ehn-seh-RRAHR)*
Enclosed	**Encerrado** *(ehn-seh-RRAH-doh)*
Enclosure	**Cerramiento** *(seh-rrah-MYEHN-toh)*
Encompass	**Incluir** *(een-cloo-EER)*
Enforce	**Hacer cumplir** *(ah-SEHR koom-PLEER)*
Engineer	**Ingeniero** *(een-heh-NYEH-roh)*
Escalator	**Escalera mecánica** *(ehs-kah-LEH-rah meh-KAH-nee-kah)*
Essential facilities	**Instalaciones esenciales** *(eens-tah-lah-SYOH-nehs eh-sehn-SYAH-lehs)* **Edificaciones esenciales** *(eh-dee-fee-kah-SYOH-nehs eh-sehn-SYAH-lehs)*
Exhaust	**Escape** *(ehs-KAH-peh)* **Extracción** *(ehk-strac-SYON)*
Exhaust fan	**Ventilador de extracción** *(vehn-tee-lah-DOHR deh-ehk-strak-SYON)*
Exit	**Salida** *(sah-LEE-dah)*
Exit door	**Puerta de salida** *(PWEHR-tah deh sah-LEE-dah)*
Expansion bolt	**Perno de expansión** *(PEHR-noh deh ehk-spahn-SYON)* **Tornillo de expansión** *(tohr-NEE-joh deh ehk-spahn-SYON)*

Expansion joint	**Junta de dilatación/expansión** *(HOON-tah deh dee-lah-tah-SYON/ehk-spahn-SYON)*
Extension cord	**Cable de extensión** *(KAH-bleh deh ehk-stehn-SYON)*
Exterior wall	**Muro/Pared exterior** *(MOO-roh/pa-REHD ehk-steh-RYOHR)*
Exterior/interior surface	**Superficie exterior/interior** *(soo-per-FEE-see-eh ehk-steh-RYOHR/een-teh-RYOHR)*

Façade	**Alzado** *(al-ZAH-doh)* **Fachada** *(fah-CHAH-dah)*
Face grain	**Veta superficial** *(VEH-tah soo-pehr-fee-SYAHL)*
Face shield	**Careta** *(kah-REH-tah)*
Facing brick	**Ladrillos para frentes** *(lah-DREE-johs PAH-rah FREHN-tehs)*
Factory-built fireplace	**Chimenea prefabricada** *(chee-meh-NEH-ah preh-fah-bree-KAH-dah)* **Hogar prefabricado** *(oh-GAR preh-fah-bree-KAH-doh)*
Fan	**Ventilador** *(vehn-tee-lah-DOHR)* **Abanico** *(ah-bah-NEE-koh)*
Fasteners	**Anclajes** *(ahn-KLAH-hehs)*
Faucet	**Llave** *(JAH-veh)* **Grifo** *(GREE-foh)*
Feeder cable	**Cable de alimentación** *(KAH-bleh de ah-lee-mehn-tah-SYON)*
Felt	**Fieltro** *(FYEHL-troh)*
Fence	**Cerca** *(SEHR-ka)* **Barda** *(BAR-dah)* **Mediera** *(meh-DYEH-rah)*

Fiberboard	**Tablero de fibra** *(tah-BLEH-roh deh FEE-brah)*
Filled	**Rellenado** *(reh-jeh-NAH-doh)*
Finish	**Acabado** *(ah-kah-BAH-doh)* **Terminado** *(tehr-mee-NAH-doh)*
Finishing nail	**Clavo sin cabeza** *(KLAH-voh seen kah-BEH-sah)*
Fire alarm system	**Sistema de alarma contra incendios** *(sees-TEH-mah deh ah-LAR-mah kohn-trah een-SEHN-dee-ohs)*
Fire Code	**Código de Incendios** *(KOH-dee-goh deh een-SEHN-dee-ohs)*
Fire department	**Cuerpo/Departamento de bomberos** *(KWER-poh/deh-par-tah-MEHN-toh deh bohm-BEH-rohs)*
Fire department access	**Acceso para bomberos** *(ahk-SEH-soh PAH-rah bohm-BEH-rohs)*
Fire department connection	**Toma de impulsión** *(TOH-mah deh eem-pool-SYON)* **Conexión para bomberos** *(koh-nek-SYON PAH-ra bohm-BEH-rohs)*
Fire extinguisher	**Extinguidor** *(ehk-steen-ghee-DOHR)* **Extintor** *(ehk-steen-TOHR)* **Matafuegos** *(mah-tah-FWEH-gohs)*
Fireblock	**Bloque antifuego** *(BLOH-keh ahn-tee-FWEH-goh)*
Firebox	**Fogón** *(foh-GOHN)*
Firebrick	**Ladrillo de fuego** *(lah-DREE-joh deh FWEH-goh)*
Fireplace	**Chimenea** *(chee-meh-NEH-ah)* **Hogar** *(oh-GAHR)*

First floor/story	**Primer piso** *(pree-MER PEE-soh)*
Fish tape	**Cinta pescadora** *(SEEN-tah pehs-kah-DOH-rah)*
Fitting	**Accesorio** *(ahk-seh-SOH-ree-oh)* **Conexión** *(koh-nek-SYON)*
Fixture	**Artefacto** *(arteh-FAK-toh)* **Accesorio** *(ahk-seh-SOH-ree-oh)*
Fixture, bathroom	**Artefacto sanitario** *(arteh-FAK-toh sah-nee-TAH-ree-oh)*
Fixture trap	**Trampa hidráulica** *(TRAM-pah ee-DRAH-oo-lee-kah)* **Sifón** *(see-FOHN)* **Trampa de artefacto** *(TRAM-pah deh arteh-FAK-toh)*
Flammable liquid	**Líquido inflamable** *(LEE-kee-doh een-flah-MAH-bleh)*
Flashing	**Cubrejuntas** *(koo-breh-HOON-tahs)* **Tapajuntas** *(tah-pah-HOON-tahs)* **Plancha de escurrimiento** *(PLAHN-cha deh ehs-koo-rree-MYEHN-toh)* **Vierteaguas** *(vee-er-teh-AH-gwahs)* **Botaguas** *(boh-TAH-gwahs)*
Flashlight	**Linterna** *(leen-TEHR-nah)* **Lámpara** *(LAHM-pah-rah)*
Flex conduit	**Conducto portacables flexible** *(kohn-DOOK-toh pohr-tah-KAH-blehs flek-SEE-bleh)*
Floodlight	**Iluminación industrial** *(ee-loo-mee-nah-SYON een-doos-TRYAHL)* **Foco industrial** *(FOH-koh een-doos-TRYAHL)*

Floor	**Piso** *(PEE-soh)*
Floor deck	**Plataforma** *(plah-tah-FOHR-mah)*
Floor tile (small slab)	**Loseta** *(loh-SEH-tah)*
Flooring	**Revestimientos para pisos** *(reh-vehs-tee-MYEHN-tohs PAH-rah PEE-sohs)* **Material para pisos** *(mah-teh-RYAHL PAH-rah PEE-sohs)*
Flue	**Conductos de humo** *(kohn-DOOK-tohs deh OO-moh)*
Fluorescent	**Fluorescente** *(floo-oh-reh-SEHN-teh)*
Footboard	**Tabla de piso** *(TAH-blah deh PEE-soh)*
Footing	**Zapata** *(sah-PAH-tah)* **Zarpa** *(SAR-pah)* **Cimiento** *(see-MYEHN-toh)*
Foreman	**Capataz** *(kah-pah-TAHS)* **Sobrestante** *(soh-breh-STAHN-teh)* **Supervisor** *(soo-pehr-vee-SOHR)*
Forms (concrete)	**Encofrados** *(ehn-koh-FRAH-dohs)*
Formwork	**Encofrado** *(ehn-koh-FRAH-doh)*
Foundation	**Fundación** *(foon-dah-SYON)* **Cimentación** *(see-men-tah-SYON)*
Foundation sill plate	**Placa de solera de fundación** *(PLAH-kah deh soh-LEH-rah deh foon-dah-SYON)*
Foundation walls	**Muros de fundación** *(MOO-rohs deh foon-dah-SYON)*

Frame	**Marco**
	(MAR-koh)
	Estructura
	(ehs-trook-TOO-rah)
	Pórtico
	(POHR-tee-koh)
	Bastidor
	(bahs-tee-DOHR)
	Armazón
	(ar-mah-SOHN)
Frame, door/window	**Marco de puerta/ventana**
	(mar-koh deh PWEHR-tah/vehn-TAH-nah)
Framed	**Armado**
	(ar-MAH-doh)
Framework	**Armazón**
	(ar-mah-SOHN)
Framing	**Estructura**
	(ehs-trook-TOO-rah)
Fumes	**Gases**
	(GAH-sehs)
Furred out, Furring	**Enrasado**
	(ehn-rah-SAH-doh)
Fuse	**Fusible**
	(foo-SEE-bleh)
Fuse box	**Caja de fusibles**
	(KAH-hah deh foo-SEE-blehs)

Gable	**Hastial** *(ahs-TYAHL)*
Gable construction	**Construcción a dos aguas** *(kohns-trook-SYON ah dohs AH-gwahs)*
Gable roof	**Techo a dos aguas** *(TEH-cho ah dos AH-gwahs)*
Gable rake	**Cornisa inclinada** *(kor-NEE-sah een-klee-NAH-dah)*
Gage/Gauge (thickness)	**Calibre** *(kah-LEE-breh)*
Garage	**Garaje** *(gah-RAH-heh)* **Cochera** *(koh-CHEH-rah)*
Garbage disposal	**Triturador de basura/ desperdicios** *(tree-too-rah-DOHR deh bah-SOO-rah/ dehs-pehr-DEE-see-ohs)*
Gasket	**Arandela** *(ar-ahn-DEH-lah)* **Empaque** *(ehm-PAH-keh)* **Junta** *(HOON-tah)*
Gas main	**Conducto/cañería principal de gas** *(kohn-DOOK-toh/kah-nyeh-REE-ah preen-see-PAL deh GAHS)*
Gate valve	**Llave de paso** *(JAH-veh deh PAH-soh)*
Gauge/Gage (instrument)	**Manómetro** *(mah-NOH-meh-troh)* **Indicador** *(een-dee-kah-DOHR)*
Generator	**Generador** *(heh-neh-rah-DOHR)*

Girder	**Viga maestra** *(VEE-gah mah-EHS-trah)* **Viga principal** *(VEE-gah preen-see-PAL)* **Viga** *(VEE-gah)* **Jácena** *(HAH-seh-nah)*
Glazed, Glazing	**Vidriado** *(vee-DRYAH-doh)* **Encristalado** *(ehn-krees-tah-LAH-doh)*
Glue	**Pegamento** *(peh-gah-MEHN-toh)*
Grab bars	**Barras de apoyo** *(BAH-rrahs deh ah-POH-joh)* **Barra de soporte** *(BAH-rrahs deh soh-POHR-teh)* **Agarraderas** *(ah-gah-rrah-DEH-rahs)*
Grade	**Nivel de terreno** *(nee-VEHL deh teh-RREH-noh)*
Grade (ground elevation)	**Rasante** *(rah-SAHN-teh)*
Grade beam	**Viga de fundación** *(VEE-gah deh foon-dah-SYON)*
Graded lumber	**Madera elaborada** *(mah-DEH-rah eh-lah-boh-RAH-dah)* **Madera clasificada** *(mah-DEH-rah klah-see-fee-KAH-dah)*
Grading	**Nivelación de terreno** *(nee-veh-lah-SYON deh teh-RREH-noh)*
Grandstands	**Tribunas** *(tree-BOON-ahs)* **Gradas** *(GRAH-dahs)*
Gravel	**Grava** *(GRAH-vah)* **Cascajo** *(kahs-KAH-hoh)* **Ripio** *(REE-pee-oh)*
Grease interceptor	**Interceptor de grasas** *(een-tehr-sehp-TOHR deh GRAH-sahs)*

Grease trap	**Colector de grasas** *(koh-lehk-TOHR deh GRAH-sahs)*
Grille	**Rejilla** *(reh-HEE-jah)* **Reja** *(REH-hah)*
Grip	**Agarre** *(ah-GAH-rreh)*
Grommet	**Arandela** *(ar-ahn-DEH-lah)* **Ojal** *(oh-HAHL)*
Groove	**Ranura** *(rah-NOO-rah)*
Gross area	**Área total** *(AH-reh-ah toh-TAHL)* **Área bruta** *(AH-reh-ah BROO-tah)*
Ground bond	**Cable de enlace** *(KAH-bleh deh ehn-LAH-seh)*
Ground connection	**Conexión a tierra** *(koh-nek-SYON ah TYEH-rra)*
Ground fault circuit	**Interruptor fusible de seguridad a tierra** *(een-teh-rroop-TOHR foo-SEE-bleh deh seh-goo-ree-DAHD ah TYEH-rra)*
Ground level	**Planta baja** *(PLAHN-tah BAH-hah)*
Ground/neutral bus bar	**Bandeja neutra/a tierra** *(bahn-DEH-hah NEH-oo-trah/ah TYEH-rra)*
Ground wire	**Cable a tierra** *(KAH-bleh ah TYEH-rra)*
Grout	**Lechada de cemento** *(leh-CHAH-dah deh seh-MEHN-toh)* **Mortero de cemento** *(mohr-TEH-roh deh seh-MEHN-toh)*
Guardrail	**Baranda** *(bah-RAHN-dah)*
Guest	**Huésped** *(WEHS-pehd)*
Guest room	**Cuarto de huéspedes** *(KWAR-toh deh WEHS-peh-dehs)*

Guide rail	**Riel de guía** *(RYEHL deh GY-ah)*
Gusset plate	**Placa de unión** *(PLAH-kah deh oon-YOHN)* **Placa de cartela** *(PLAH-kah deh kahr-TEH-lah)*
Gutter	**Gotera** *(goh-TEH-rah)* **Canal** *(kah-NAHL)* **Canaleta** *(kah-nah-LEH-tah)*
Gypsum	**Yeso** *(YEH-soh)*
Gypsum board	**Panel de yeso** *(pah-NEHL deh YEH-soh)* **Tablero de yeso** *(tah-BLEH-roh deh YEH-soh)* **Plancha de yeso** *(PLAHN-chah deh YEH-soh)* **Plafón de yeso** *(plah-FOHN deh YEH-soh)*
Gypsum lath	**Listón yesero** *(lees-TOHN yeh-SEH-roh)*
Gypsum plaster	**Revoque de yeso** *(reh-VOH-keh deh YEH-soh)*
Gypsum wallboard	**Panel de yeso** *(pah-NEHL deh YEH-soh)* **Plancha de yeso** *(PLAHN-cha deh YEH-soh)*

Hallway	**Pasillo** *(pah-SEE-joh)*
Handicapped	**Discapacitado** *(dees-kah-pah-see-TAH-doh)* **Minusválido** *(mee-noos-VAH-lee-doh)*
Handle	**Manipular** *(mah-nee-poo-LAHR)* **Manija** *(mah-NEE-hah)* **Mango** *(MAHN-goh)* **Brazo** *(BRAH-soh)* **Agarradera** *(ah-gah-rrah-DEH-rahs)*
Handling	**Manipulación** *(mah-nee-poo-lah-SYON)*
Handrail	**Pasamanos** *(pah-sah-MAH-nohs)*
Hangers	**Ganchos** *(GAHN-chohs)* **Colgaderos** *(kohl-gah-DEH-rohs)*
Hangings	**Cortinajes** *(kor-tee-NAH-hehs)* **Colgaderos** *(kohl-gah-DEH-rohs)*
Hardboard	**Tablero duro** *(tah-BLEH-roh DOO-roh)*
Hatch	**Compuerta** *(kohm-PWEHR-tah)*
Haunches	**Cartelas** *(kahr-TEH-lahs)*
Hazard	**Peligro** *(peh-LEE-groh)*

Hazardous	**Peligroso** *(peh-lee-GROH-soh)* **Nocivo** *(noh-SEE-voh)* **Dañino** *(dah-NYEE-noh)*
Head (door frame)	**Dintel (de la puerta)** *[deen-TEHL (deh lah PWEHR-tah)]*
Head joint	**Junta vertical** *(HOON-tah vehr-tee-KAHL)*
Header	**Cabezal** *(kah-beh-SAL)* **Dintel** *(deen-TEHL)*
Heater	**Calefactor** *(kahl-eh-fak-TOHR)* **Estufa** *(ehs-TOO-fah)* **Calentador** *(kahl-ehn-tah-DOHR)*
Heating	**Calefacción** *(kahl-eh-fak-SYON)*
High rise building	**Edificio de gran altura** *(eh-dee-FEE-syoh deh grahn ahl-TOO-rah)*
Highly toxic material	**Material altamente tóxico** *(mah-teh-RYAHL AHL-tah-mehn-teh TOHC-see-koh)*
High-piled storage	**Almacenamiento en pilas altas** *(ahl-mah-seh-nah-MYEHN-toh ehn PEE-lahs AHL-tahs)*
Hinge	**Bisagra** *(bee-SAH-grah)*
Hip	**Lima** *(LEE-mah)* **Lima hoya** *(LEE-mah OH-yah)* **Lima tesa** *(LEE-mah TEH-sah)*
Hip roof	**Techo a cuatro aguas** *(TEH-cho ah KWAH-tro AH-gwas)*
Hip tile	**Teja para limas** *(TEH-hah PAH-rah LEE-mahs)*

Hod	**Cuezo** *(KWEH-soh)*
Hold-down anchor	**Ancla de retención** *(AHN-klah deh reh-tehn-SYON)*
Hole	**Hoyo** *(OH-yoh)* **Agujero** *(ah-goo-HEH-roh)* **Boquete** *(boh-KEH-teh)*
Hood (chimney/kitchen)	**Campana (chimenea/ cocina)** *[kahm-PAH-nah (chee-meh-NEH-ah/ koh-SEE-nah)]*
Hoop	**Lazo** *(LAH-soh)*
Horizontal bracing system	**Sistema de arriostramiento horizontal** *(see-STEH-mah deh ah-rryoh-strah-MYEHN-toh oh-ree-sohn-TAHL)*
Horizontal pipe	**Tubo horizontal** *(TOO-boh oh-ree-sohn-TAHL)*
Hose bibb valves	**Válvulas para grifos de mangueras** *(VAHL-voo-lahs PAH-rah GREE-fohs deh mahn-GEH-rahs)*
Hose	**Manguera** *(mahn-GEH-rah)*
Hose threads	**Rosca de manguera** *(ROHS-kah deh mahn-GEH-rah)*
Hot bus bar	**Bandeja de carga** *(bahn-DEH-hah deh KAHR-gah)* **Barra ómnibus de carga** *(BAH-rra OHM-nee-boos deh KAHR-gah)*
Hot water	**Agua caliente** *(AH-gwah kah-LYEHN-teh)*
House trap	**Trampa doméstica** *(TRAHM-pah doh-MEHS-tee-kah)*
HVAC	**Calefacción, ventilacion y aire acondicionado** *(kah-leh-fahk-SYON, vehn-tee-lah-SYON ee AH-ee-reh ah-kohn-dee-syoh-NAH-doh)*

Incline	**Declive** *(deh-KLEE-veh)* **Inclinación** *(een-klee-nah-SYON)* **Ladera** *(lah-DEH-rah)* **Pendiente** *(pehn-DYEHN-teh)* **Inclinar** *(een-klee-NAHR)* **Ladear** *(lah-deh-AHR)*
Inspector	**Inspector** *(eens-pek-TOHR)* **Supervisor** *(soo-pehr-vee-SOHR)*
Insulating	**Aislante** *(ah-ees-LAHN-teh)*
Insulation	**Aislamiento** *(ah-ees-lah-MYEHN-toh)* **Aislante** *(ah-ees-LAHN-teh)*
Interior room	**Cuarto interior** *(KWAR-toh een-teh-RYOR)*
Interlay	**Contrachapar** *(kohn-trah-chah-PAHR)*
Interlayment	**Capa intermedia** *(KAH-pah een-tehr-MEH-dee-ah)*
Interlocking	**Enclavamiento** *(ehn-klah-vah-MYEHN-toh)*
Interlocking roofing tiles	**Tejas entrelazadas para techo** *(TEH-hahs ehn-treh-lah-SAH-dahs PAH-rah TEH-choh)*

Intertied	**Entrelazados** *(ehn-treh-lah-SAH-dohs)*
Intervening rooms	**Cuartos intermedios** *(KWAR-tohs een-tehr-MEH-dee-ohs)*
Isolation joint	**Junta de aislamiento** *(HOON-tah deh ah-ees-lah-MYEHN-toh)*

Jacking force	**Fuerza de estiramiento** *(FWEHR-sah deh ehs-tee-rah-MYEHN-toh)*
Jamb (door frame)	**Jamba** *(HAHM-bah)* **Quicial** *(kee-SYAHL)*
Jobsite	**Lugar de la obra/en la obra** *(loo-GAR deh lah OH-brah/ehn lah OH-brah)* **Sitio de construcción** *(SEE-tee-oh deh kohn-strook-SYON)*
Joint	**Unión** *(oon-YOHN)* **Junta** *(HOON-tah)*
Joint compound	**Pasta de muro** *(PAHS tah deh MOO-roh)*
Joist	**Vigueta** *(vee-GEH-tah)* **Viga** *(VEE-gah)*
Joist, end	**Vigueta esquinera** *(vee-GEH-tah es-kee-NEH-ra)*
Joist, floor	**Vigueta del piso** *(vee-GEH-tah del PEE-soh)*
Joist hanger	**Estribo para vigueta** *(ehs-TREE-boh PAH-rah vee-GEH-ta)*
Junction	**Empalme** *(ehm-PAHL-meh)* **Unión** *(oon-YOHN)*
Junction box	**Caja de conexiones de empalme** *(KAH-hah deh koh-nek-SYOH-nehs deh ehm-PAHL-meh)*

Kettle	**Caldera** *(kahl-DEH-rah)*
Key	**Llave** *(JAH-veh)*
Keystone	**Clave** *(KLAH-veh)*
King post	**Poste principal** *(POHS-teh preen-see-PAL)* **Columna** *(koh-LOOM-nah)*
Kiosk	**Quiosco** *(KYOHS-koh)*
Kitchen oven	**Horno de cocina** *(OHR-noh deh koh-SEE-nah)*
Kitchen stove	**Estufa de cocina** *(ehs-TOO-fah deh koh-SEE-nah)*
Kitchen sink	**Fregadero de cocina** *(freh-gah-DEH-roh deh koh-SEE-nah)*
Knockout	**Agujero ciego** *(ah-goo-HEH-roh SYEH-goh)*
Kraft paper	**Papel Kraft** *(pah-PEHL krahft)*

Ladder	**Escalera** *(ehs-kah-LEH-rah)*
Landing (stair)	**Descanso de escaleras** *(dehs-KAHN-soh deh ehs-kah-LEH-rahs)*
Lap siding	**Revestimiento de tablas con traslape/solape** *(reh-vehs-tee-MYEHN-toh deh TAH-blahs kohn trahs-LAH-peh/soh-LAH-peh)*
Lap splice	**Traslape** *(trahs-LAH-peh)*
Lapping	**Traslapo** *(trahs-LAH-poh)*
Latch	**Cerrojo** *(seh-RROH-hoh)*
Latching device	**Dispositivo de traba** *(dees-poh-see-TEE-voh deh TRAH-bah)*
Lateral (pipe)	**Ramal lateral** *(rahm-AHL lah-teh-RAHL)*
Lath	**Listón** *(lees-TOHN)* **Malla de enlucir** *(MAH-jah deh ehn-loo-SEER)* **Tiras de yeso** *(TEE-rahs deh YEH-soh)* **Tira** *(TEE-rah)*
Lawn	**Césped** *(SEHS-pehd)* **Pasto** *(PAHS-toh)*
Lay out	**Croquis** *(KROH-kees)* **Diseño** *(dee-SEH-nyo)*

Leader (pipe)	**Tubo de bajada** *(TOO-boh deh bah-HAH-dah)*
Lead-free	**Sin plomo** *(seen PLOH-moh)*
Lead-free solder and flux	**Soldadura y fundente sin plomo** *(sohl-dah-DOO-rah ee foon-DEHN-teh seen PLOH-moh)*
Ledger	**Travesaño** *(tra-veh-SAH-nyo)* **Solera** *(soh-LEH-rah)*
Lift	**Levantamiento** *(leh-vahn-tah-MYEHN-toh)* **Alzada** *(ahl-SAH-dah)* **Lote** *(LOH-teh)* **Hormigonada** *(ohr-mee-goh-NAH-dah)* **Colada** *(koh-LAH-dah)*
Lightbulbs	**Focos** *(FOH-kohs)* **Bombillas** *(bohm-BEE-jahs)*
Light fixture	**Artefacto de iluminación** *(ar-teh-FAK-toh deh ee-loo-mee-nah-SYON)*
Limbs	**Miembros** *(MYEHM-brohs)* **Extremidades** *(ehk-streh-mee-DAH-dehs)*
Lime putty	**Mastique de cal** *(mah-STEE-keh deh kahl)*
Limestone	**Caliza** *(kah-LEE-sah)*
Line and grade	**Trazar y nivelar** *(trah-SAR ee nee-veh-LAR)*
Lining	**Recubrimiento** *(reh-koo-bree-MYEHN-toh)* **Revestimiento** *(reh-vehs-tee-MYEHN-toh)*

Link, Linkage	**Enlace** *(ehn-LAH-seh)* **Tirante** *(tee-RAHN-teh)* **Conexión** *(koh-nek-SYON)*
Lintel	**Dintel** *(deen-TEHL)*
Live load	**Cargas vivas** *(KAHR-gahs VEE-vahs)* **Carga variable** *(KAHR-gah vah-ree-AH-bleh)*
Load combination	**Combinación de cargas** *(kohm-bee-nah-SYON deh KAHR-gahs)*
Load-bearing joist	**Viga de carga** *(VEE-gah deh KAHR-gah)*
Loaded area	**Área cargada** *(AH-reh-ah kahr-GAH-dah)* **Área sometida a carga** *(AH-reh-ah soh-meh-TEE-dah ah KAHR-gah)*
Lobby	**Lobby** *(LOH-bee)* **Vestíbulo** *(vehs-TEE-boo-loh)*
Local vent stack	**Tubo vertical de ventilación** *(TOO-boh vehr-tee-KAHL deh vehn-tee-lah-SYON)*
Lock	**Candado** *(kan-DAH-doh)* **Cerradura** *(seh-rrah-DOO-rah)* **Cerrojo** *(seh-RROH-hoh)*
Lock bolts	**Pernos de seguridad** *(PEHR-nohs deh seh-goo-ree-DAHD)*
Locking receptacle	**Tomas con traba** *(TOH-mahs kohn TRAH-bah)*
Lodging house	**Hospedaje** *(ohs-peh-DAH-heh)*
Loop	**Lazadas** *(lah-SAH-dahs)*

Lot	**Terreno** *(teh-RREH-noh)* **Lote** *(LOH-teh)*
Louver	**Celosía** *(seh-loh-SEE-ah)*
Lumber	**Madera de construcción** *(mah-DEH-rah deh kohns-trook-SYON)* **Madera elaborada** *(mah-DEH-rah eh-lah-boh-RAH-dah)*

Mail box	**Buzón** *(boo-SOHN)*
Main	**Principal** *(preen-see-PAHL)* **Matriz** *(mah-TREES)*
Main breaker	**Interruptor automático principal** *(een-teh-rroop-TOHR ah-oo-toh-MAH-tee-koh preen-see-PAHL)*
Main power cable	**Cable principal** *(KAH-bleh preen-see-PAHL)*
Main vent	**Respiradero matriz** *(rehs-pee-rah-DEH-roh mah-TREES)*
Mall	**Centro comercial** *(SEHN-troh koh-mehr-SYAHL)*
Manager	**Gerente** *(heh-REHN-teh)*
Manhole	**Pozo de confluencia** *(POH-soh deh kohn-FLWEHN-syah)* **Boca de inspección** *(BOH-kah deh eens-pehk-SYON)* **Boca de acceso** *(BOH-kah deh ahk-SEH-soh)* **Pozo de entrada** *(POH-soh deh ehn-TRAH-dah)*
Mansard roof	**Mansarda** *(mahn-SAHR-dah)*
Mansion	**Mansión** *(mahn-SYON)* **Residencia** *(reh-see-DEHN-syah)*

Manual pull station	**Alarma de incendio manual** *(ah-LAHR-mah deh een-SEHN-dee-oh mah-NWAHL)*
Marquee	**Marquesina** *(mar-keh-SEE-nah)*
Mason	**Albañil** *(ahl-bah-NYEEL)*
Masonry	**Mampostería** *(mahm-pohs-teh-REE-ah)* **Albañilería** *(ahl-bah-nyee-leh-REE-ah)*
Mastic	**Mastique** *(mahs-TEE-keh)*
Means of egress	**Medios de salida** *(MEH-dee-ohs deh sah-LEE-dah)*
Measuring tape	**Cinta de medir** *(SEEN-tah deh meh-DEER)*
Mechanical anchorage	**Anclaje mecánico** *(ahn-KLAH-heh meh-KAH-nee-koh)*
Metal deck	**Plataforma metálica** *(plah-tah-FOR-mah meh-TAH-lee-kah)*
Metal flagpole	**Mástil metálico** *(MAHS-teel meh-TAH-lee-koh)*
Metal roof covering	**Cubierta metálica para techos** *(koo-BYEHR-tah meh-TAH-lee-kah PAH-rah TEH-chohs)*
Metal scribe	**Trazador de metal** *(trah-sah-DOHR deh meh-TAHL)*
Meter	**Medidor** *(meh-dee-DOHR)*
Mixing valve	**Llave de mezcla** *(JAH-veh deh MEHS-clah)*
Moist curing	**Curado con humedad** *(koo-RAH-doh kohn oo-meh-DAHD)*
Molding	**Moldura** *(mohl-DOO-rah)*
Mortar	**Mortero** *(mohr-TEH-roh)* **Argamasa** *(ar-gah-MAH-sah)* **Mezcla** *(MEHS-klah)*

Mortise	**Ranura** *(rah-NOO-rah)*
Mullion (door)	**Larguero central** *(lar-GEH-roh sehn-TRAHL)*
Multiple gabled roofs	**Techos a aguas múltiples** *(TEH-chohs ah AH-gwahs MOOL-tee-plehs)*

Nailing, face	**Con clavos sumidos** *(kohn KLAH-vohs soo-MEE-dohs)*
Nailing strip	**Listón para clavar** *(lee-STOHN PAH-rah klah-VAHR)*
Nails	**Clavos** *(KLAH-vohs)*
Neutral service wire	**Cable principal neutro** *(KAH-bleh preen-see-PAHL NEHOO-troh)*
Neutral wire	**Cable neutro** *(KAH-bleh NEHOO-troh)*
Nonwoven	**No tejido** *(noh teh-HEE-doh)*
Nosings	**Vuelos** *(VWEH-lohs)*
Nuisance	**Perjuicio** *(pehr-hoo-EE-syoh)*
Nursing homes	**Asilos de ancianos** *(ah-SEE-lohs deh ahn-see-AH-nohs)* **Ancianatos** *(ahn-see-ah-NAH-tohs)* **Casas de convalecencia** *(KAH-sahs deh kohn-vah-leh-SEHN-see-ah)*
Nut	**Tuerca** *(TWEHR-kah)*

Occupancy	**Destino** *(deh-STEE-noh)* **Tenencia** *(tehn-EHN-see-ah)* **Actividades** *(ahk-tee-vee-DAH-dehs)* **Clasificación** *(klah-see-fee-kah-SYON)* **Función** *(foon-SYON)* **Ocupación** *(oh-koo-pah-SYON)* **Zona** *(soh-NAH)* **Capacidad** *(kah-pah-see-DAHD)*
Occupant load	**Número de ocupantes** *(NOO-meh-roh deh oh-koo-PAHN-tehs)*
Offset	**Desplazamiento** *(dehs-plah-sah-MYEHN-toh)* **Pieza en "S"** *(PYEH-sah ehn "EH-seh")* **Pieza de inflexión** *(PYEH-sah deh een-flek-SYON)* **Desvío** *(dehs-VEE-oh)* **Compensar** *(kohm-pehn-SAR)*
Offset bars	**Barras desviadas** *(BAH-rrahs dehs-VYAH-dahs)*
On center	**De centro a centro** *(deh SEHN-troh ah SEHN-troh)*
Open air	**Aire libre** *(AH-ee-reh LEE-breh)*

Opening	**Abertura** *(ah-behr-TOO-rah)*
Outlet box	**Caja de enchufe** *(KAH-hah deh ehn-CHOO-feh)* **Caja de tomacorriente** *(KAH-hah deh toh-mah-koh-<u>RR</u>YEHN-teh)*
Overhang	**Voladizo** *(voh-lah-DEE-so)* **Vuelo** *(VWEH-loh)* **Alero** *(ah-LEH-roh)*
Overhaul	**Reparación** *(reh-par-ah-SYON)* **Reparo** *(reh-PAH-roh)*
Overlap	**Traslape** *(trahs-LAH-peh)* **Sobresolape** *(soh-breh-soh-LAH-peh)* **Superposición** *(soo-pehr-poh-see-SYON)*
Override	**Cancelar** *(kahn-seh-LAR)* **Anular** *(ah-noo-LAR)*
Overstrength	**Sobreresistencia** *(soh-breh-reh-sees-TEHN-see-ah)*
Overturning	**Volcamiento** *(vohl-kah-MYEHN-toh)* **Vuelco** *(VWEHL-koh)* **Volteo** *(vohl-TEH-oh)*
Oxidizers	**Oxidantes** *(ohk-see-DAHN-tehs)*

Pallet	**Estante**
	(ehs-TAHN-teh)
	Tarima
	(tah-REE-mah)
	Plataforma de carga
	(plah-tah-FOHR-mah deh CAHR-gah)
Paint	**Pintura**
	(peen-TOO-rah)
Painter	**Pintor**
	(peen-TOHR)
Panel edge clips	**Pinzas de canto de panel**
	(peen-sahs deh KAHN-toh deh pah-NEHL)
Panel sheathing	**Revestimiento de tableros**
	(reh-veh-stee-MYEHN-toh deh tah-BLEH-rohs)
Panel zone	**Franja de tableros**
	(FRAHN-hah deh tah-BLEH-rohs)
Paneling	**Empanelado**
	(ehm-pah-neh-LAH-doh)
Panic bar	**Barra de emergencia**
	(BAH-rrah deh eh-mehr-HEN-see-ah)
Panic hardware	**Herrajes antipánico**
	(eh-RRAH-hehs ahn-tee-PAH-nee-koh)
	Cerrajería o herrajes de emergencia
	(seh-rrah-heh-REE-ah oh eh-RRAH-hehs deh) (eh-mehr-HEN-see-ah)
Paper dispensers	**Dispensadores de papel**
	(dees-pehn-sah-DOH-rehs deh pah-PEHL)
Parapet wall	**Muro de parapeto**
	(MOO-roh deh pah-rah-PEH-toh)
Particleboard	**Madera aglomerada**
	(mah-DEH-rah ah-gloh-meh-RAH-dah)

Partition	**Tabique** *(tah-BEE-keh)* **Separación** *(seh-pah-rah-SYON)* **División** *(dee-vee-SYON)*
Partition, folding	**Tabique plegable** *(tah-BEE-keh pleh-GAH-bleh)*
Partition, movable	**Tabique movible** *(tah-BEE-keh moh-VEE-bleh)*
Partition, portable	**Tabique portátil** *(tah-BEE-keh pohr-TAH-teel)*
Passageway	**Pasillo** *(pah-SEE-joh)*
Passageway (chimney)	**Conducto de humo** *(kohn-DOOK-toh deh OO-moh)*
Pavement	**Pavimento** *(pah-vee-MEHN-toh)*
Pedestrian walkway	**Camino peatonal** *(kah-MEE-noh peh-ah-toh-NAHL)*
Penthouse	**Cuarto de azotea** *(KWAR-toh deh ah-soh-TEH-ah)*
Performance	**Desempeño** *(deh-sehm-PEH-nyoh)* **Rendimiento** *(rehn-dee-MYEHN-toh)* **Comportamiento** *(kohm-pohr-tah-MYEHN-toh)*
Perlite	**Perlita** *(pehr-LEE-tah)*
Permit	**Permiso (de construcción)** *[pehr-MEE-soh (deh kohns-trook-SYON)]*
Piles	**Pilotes** *(pee-LOH-tehs)*
Pipe, Piping	**Cañería** *(kah-nyeh-REE-ah)* **Caño** *(KAH-nyoh)* **Tubería** *(too-beh-REE-ah)* **Tubo** *(TOO-boh)*

Plan review/reviewer	**Revisión/Revisor de planos** *(reh-vee-SYON/reh-vee-SOHR deh PLAH-nohs)*
Plank	**Tablón** *(tah-BLON)*
Planking	**Entablonado** *(ehn-tah-bloh-NAH-doh)* **Tablones** *(tah-BLOH-nehs)*
Plaster	**Azotado** *(ah-soh-TAH-doh)* **Jaharro** *(hah-AH-rroh)* **Enjarre** *(ehn-HAH-rreh)* **Enlucido** *(ehn-loo-SEE-doh)* **Yeso** *(YEH-soh)*
Plaster backing	**Soporte para forjados** *(soh-POHR-teh PAH-rah fohr-HAH-dohs)*
Plastering	**Revoque** *(reh-VOH-keh)* **Enlucido** *(ehn-loo-SEE-doh)* **Repello** *(reh-PEH-joh)* **Forjados** *(fohr-HAH-dohs)*
Plastic foam	**Espuma de plástico** *(ehs-POO-mah deh PLAH-stee-koh)*
Plastic insulator	**Aislante plástico** *(ah-ee-SLAHN-teh PLAH-stee-koh)*
Plate girder	**Viga de alma llena** *(VEE-gah deh AHL-mah JEH-nah)*
Plenum	**Pleno** *(PLEH-noh)* **Cámara de distribución de aire** *(KAH-mah-rah deh dee-stree-boo-SYON deh AH-ee-reh)*
Plug	**Clavija** *(klah-VEE-hah)* **Enchufe** *(ehn-CHOO-feh)*

Plug fuse	**Fusible de rosca** *(foo-SEE-bleh deh ROHS-kah)*
Plumber	**Plomero** *(ploh-MEH-roh)*
Plumbing	**Instalaciones hidráulicas y sanitarias** *(een-stahl-ah-SYON-ehs ee-DRAH-oo-lee-kahs ee sahn-ee-TAR-ee-ahs)* **Plomería** *(ploh-meh-REE-ah)*
Plumbing appliance	**Mueble sanitario** *(MWEH-bleh sah-nee-TAH-ree-oh)*
Plumbing fixture	**Artefacto sanitario** *(ar-teh-FAK-toh sah-nee-TAR-ee-oh)*
Plunger	**Destapacaños** *(dehs-tah-pah-CAH-nyos)* **Sopapa** *(soh-PAH-pah)*
Ply	**Capa** *(KAH-pah)*
Plywood	**Madera prensada** *(mah-DEH-rah prehn-SAH-dah)* **Tableros de madera prensada** *(tah-BLEH-rohs deh mah-DEH-rah prehn-SAH-dah)*
Poles, Posts	**Postes** *(POHS-tehs)*
Ponding	**Estancamiento de agua** *(ehs-tahn-kah-MYEHN-toh deh AH-gwah)*
Portable	**Portátil** *(pohr-TAH-teel)*
Pour coat	**Capa de colada** *(KAH-pah deh koh-LAH-dah)* **Capa de vaciado** *(KAH-pah deh vah-SYAH-doh)*
Power doors	**Puertas mecánicas** *(PWEHR-tahs meh-KAH-nee-kahs)*
Power strip	**Zapatilla eléctrica** *(sah-pah-TEE-jah eh-LEHK-tree-kah)*
Power supply	**Fuente de alimentación** *(FWEHN-teh deh ah-lee-mehn-ta-SYON)*

Premises	**Local** *(loh-KAHL)* **Sitio** *(SEE-tee-oh)*
Press box	**Palco de prensa** *(PAHL-koh deh PREHN-sah)*
Pressure	**Presión** *(preh-SYON)*
Prestressed concrete	**Hormigón preesforzado** *(ohr-mee-GOHN preh-ehs-fohr-SAH-doh)* **Hormigón precargado** *(ohr-mee-GOHN preh-kahr-GAH-doh)* **Hormigón precomprimido** *(ohr-mee-GOHN preh-kohm-pree-MEE-doh)* **Hormigón prefatigado** *(ohr-mee-GOHN preh-fah-tee-GAH-doh)*
Primed	**Imprimado** *(eem-pree-MAH-doh)*
Primer	**Imprimador** *(eem-pree-mah-DOHR)*
Private	**Privado** *(pree-VAH-doh)*
Property	**Propiedad** *(proh-pyeh-DAHD)* **Parcela** *(par-SEH-lah)*
Property line	**Línea de propiedad** *(LEE-neh-ah deh proh-pyeh-DAHD)* **Lindero** *(leen-DEH-roh)*
Proportion	**Proporción** *(proh-pohr-SYON)* **Proporcionalidad** *(proh-pohr-syoh-nah-lee-DAHD)* **Dimensionar** *(dee-mehn-syoh-NAHR)* **Determinar las dimensiones** *(deh-tehr-mee-NAHR lahs dee-meh-SYOH-nehs)*
Proportioned	**Dimensionado** *(dee-mehn-syoh-NAH-doh)*
Provision/Proviso	**Disposición** *(dee-spoh-see-SYON)*

	Estipulación
	(ehs-tee-poo-lah-SYON)
Public safety	**Seguridad pública**
	(seh-goo-ree-DAHD POO-blee-kah)
	Protección al público
	(proh-tehk-SYON ahl POO-blee-koh)
Public way	**Vía pública**
	(VEE-ah POO-blee-kah)
Public welfare	**Bienestar público**
	(byehn-ehs-TAHR POO-blee-koh)
Pump	**Bomba**
	(BOHM-bah)
Putty coat	**Enlucido**
	(ehn-loo-SEE-doh)

Queen post	**Columna** *(koh-LOOM-nah)*
Quicklime	**Cal viva** *(KAHL vee-vah)*
Quoin	**Piedra angular** *(PYEH-drah ahn-goo-LAHR)* **Cuña** *(KOO-nyah)*
Quota	**Cuota** *(kwoh-tah)*

Rabbet	**Muesca** *(MWEHS-kah)* **Ranura** *(rah-NOO-rah)*
Raceways	**Conducto eléctrico** *(kohn-DOOK-toh eh-LEHK-tree-koh)*
Rack	**Cremallera** *(krehm-ah-JEH-rah)* **Tarima** *(tah-REE-mah)*
Rafter	**Cabrio** *(KAH-bree-oh)* **Cabio** *(KAH-bee-oh)*
Rail	**Cremallera** *(krehm-ah-JEH-rah)* **Baranda** *(bah-RAHN-dah)* **Barandilla** *(bah-rahn-DEE-jah)*
Railing	**Baranda** *(bah-RAHN-dah)* **Barra** *(BAH-rrah)* **Carril** *(kah-RREEL)*
Range power outlet	**Tomacorriente/Enchufe para estufa** *(toh-mah-koh-RRYEHN-teh/ehn-CHOO-feh PAH-rah ehs-TOO-fah)*
Rate	**Relación** *(reh-lah-SYON)* **Proporción** *(proh-pohr-SYON)* **Razón** *(rah-SOHN)*

Rating	**Clasificación** *(klah-see-fee-kah-SYON)*
Ratio	**Relación** *(reh-lah-SYON)* **Cociente** *(koh-SYEHN-teh)* **Razón** *(rah-SON)* **Coeficiente** *(koh-eh-fee-SYEHN-teh)*
Rebar	**Barra de refuerzo** *(BAH-rrah de reh-FWEHR-soh)* **Varilla** *(vah-REE-jah)*
Redwood	**Madera de secoya** *(mah-DEH-rah deh seh-KOH-yah)*
Reformatory	**Reformatorio** *(reh-fohr-mah-TOH-ree-oh)*
Refuge area	**Área de refugio** *(AH-reh-ah deh reh-FOO-hee-oh)*
Region	**Región** *(reh-hee-ONH)* **Tramo** *(TRAH-moh)*
Register (baseboard/ceiling/wall)	**Rejilla (de piso/techo/pared)** *[reh-HEE-jah (deh pee-soh/TEH-cho/pa-REHD)]*
Reglet	**Regleta** *(Reh-GLEH-tah)*
Regulator	**Regulador** *(reh-goo-lah-DOHR)*
Reinforced masonry	**Mampostería reforzada** *(mahm-pohs-teh-REE-ah reh-fohr-SAH-dah)*
Reinforcement	**Refuerzo** *(reh-FWEHR-soh)* **Armadura** *(ar-mah-DOO-rah)*
Release	**Descarga** *(dehs-KAHR-gah)* **Liberación** *(lee-beh-rah-SYON)*

	Desenganchador *(deh-sehn-gahn-chah-DOHR)* **Desenganchar** *(deh-sehn-gahn-CHAR)*
Relief valve	**Válvula de alivio** *(VAHL-voo-lah deh ah-LEE-vee-oh)* **Llave de alivio** *(JAH-veh deh ah-LEE-vee-oh)*
Removal	**Eliminación** *(eh-lee-mee-nah-SYON)* **Remoción** *(reh-moh-SYON)*
Repair	**Reparación** *(reh-par-ah-SYON)*
Reports	**Informes** *(een-FOR-mehs)* **Reportes** *(reh-POHR-tehs)*
Reshores	**Puntales de refuerzo** *(poon-TAH-lehs deh reh-FWEHR-zoh)*
Residence	**Residencia** *(reh-see-DEHN-syah)*
Restraints	**Sujetadores** *(soo-heh-tah-DOH-rehs)* **Fijadores** *(fee-hah-DOH-rehs)*
Restroom	**Baño** *(BAH-nyo)* **Sanitario** *(sah-nee-TAH-ree-oh)*
Retrofitting	**Retroajuste** *(reh-troh-ah-HOOS-teh)*
Return bend vent pipe	**Tubo de ventilación con codo doble** *(TOO-boh deh vehn-tee-lah-SYON kohn KOH-doh DOH-bleh)*
Return lip	**Remate de borde** *(reh-MAH-teh deh BOR-deh)*
Revolving door	**Puerta giratoria** *(PWEHR-tah hee-rah-TOH-ree-ah)*
Rib	**Costilla** *(koh-STEE-jah)*

Ridge	**Cresta** *(KREH-stah)* **Cumbrera** *(koom-BREH-rah)*
Ridge board	**Tabla de cumbrera** *(TAH-blah deh koom-BREH-rah)*
Ridge tile	**Tejas para cumbrera** *(TEH-hahs PAH-rah koom-BREH-rah)*
Riffled	**Ranurado** *(rah-noo-RAH-doh)* **Acanalada** *(ah-kahn-ah-LAH-dah)*
Rim	**Borde** *(BOR-deh)*
Ring shank nail	**Clavos con fuste corrugado** *(KLAH-vohs kohn FOO-steh koh-rroo-GAH-doh)*
Ringed shanks	**Varillas en aro** *(vah-REE-jahs ehn AR-oh)*
Riser (pipe)	**Tubo vertical** *(TOO-boh vehrt-ee-KAHL)*
Riser (stair)	**Contrahuella** *(kohn-trah-WEH-jah)*
Rivet	**Remache** *(reh-MAH-cheh)*
Rock	**Roca** *(ROH-kah)* **Piedra** *(PYEH-drah)*
Roof	**Techo** *(TEH-choh)*
Roof covering	**Revestimiento de techo** *(reh-veh-stee-MYEHN-toh deh TEH-choh)* **Cubierta de azotea** *(koo-BYEHR-tah deh ah-soh-TEH-ah)* **Cubierta de techo** *(koo-BYEHR-tah deh TEH-choh)*
Roof deck	**Cubierta de techo** *(koo-BYEHR-tah deh TEH-choh)*
Roof drain	**Desagüe de techo** *(deh-SAH-gweh deh TEH-choh)*

Roof, flat	**Techo plano** *(TEH-choh PLAH-noh)*
Roof sheating	**Entarimado de tejado** *(ehn-tah-ree-MAH-doh deh teh-JAH-doh)*
Roof, sloped	**Techo en pendiente** *(TEH-choh ehn pehn-DYEHN-teh)*
Roof tile	**Teja** *(TEH-ha)*
Roofing	**Techado** *(Teh-CHAH-doh)*
Roofing square	**Cuadro de cubierta de techo** *(KWAH-droh deh koo-bee-EHR-tah deh TEH-choh)*
Room	**Cuarto** *(KWAR-toh)* **Sala** *(SAH-lah)* **Habitación** *(ah-bee-tah-SYON)*
Room, assembly	**Sala** *(SAH-lah)* **Salón** *(sah-LOHN)* **Cuarto de asambleas** *(KWAR-toh deh ah-sahm-BLEH-ahs)*
Rough-in	**Instalación en obra negra/gruesa** *(een-stah-lah-SYON ehn OH-brah NEH-grah/GRWEH-sah)*
Row	**Fila** *(FEE-lah)*
Rubbish	**Basura** *(bah-SOO-rah)*
Rubble	**Escombro** *(ehs-COM-broh)*
Runners	**Largueros** *(lar-GUEH-rohs)*

Safety glazing	**Vidriado de seguridad** *(vee-DRYAH-doh deh seh-goo-ree-DAHD)*
Sand	**Arena** *(ah-REH-nah)*
Sandstone	**Areniscas** *(ah-reh-NEES-kahs)* **Piedra arenisca** *(PYEH-drah ah-reh-NEES-kah)*
Sanitation	**Higiene** *(ee-hee-EH-neh)*
Sawn timber	**Maderos aserrados** *(mah-DEH-rohs ah-seh-RRAH-dohs)*
Sawtooth	**Diente de sierra** *(DYEHN-teh deh SYEH-rrah)*
Scaffold	**Andamio** *(ahn-DAH-myoh)*
Scaffolding	**Andamiaje** *(ahn-dah-MYAH-heh)*
Schedule	**Horario** *(oh-RAH-ree-oh)*
Scope	**Alcance** *(ahl-KAHN-seh)*
Scouring	**Rozamiento** *(roh-zah-MYEHN-toh)*
Screw	**Tornillo** *(tohr-NEE-joh)*
Screw connector	**Conector con tornillo** *(koh-nehk-tohr kohn tohr-NEE-joh)*
Sealants	**Selladores** *(seh-jah-DOH-rehs)*
Seasoned wood	**Madera estacionada** *(mah-DEH-rah ehs-tah-syoh-NAH-dah)*

Self-closing	**Autocierre** *(ah-oo-toh-SYEH-rreh)*
Self-closing device	**Dispositivo autocerrante** *(dee-spoh-see-TEE-voh ah-oo-toh-seh-RRAHN-teh)* **Dispositivo de cierre mecanizado** *(dee-spoh-see-TEE-voh deh SYEH-rreh meh-KAH-nee-zah-doh)*
Self-closing faucet	**Grifo de cierre automático** *(GREE-foh deh SYEH-rreh ah-oo-toh-MAH-tee-koh)*
Self-drilling screws	**Tornillos autoperforantes** *(tohr-NEE-johs ah-oo-toh-pehr-foh-RAHN-tehs)*
Self-ignition	**Auto-ignición** *(ah-oo-toh-ee-gnee-SYON)*
Self-luminous	**Autoluminoso** *(ah-oo-toh-loo-mee-NOH-soh)*
Self-tapping screws	**Tornillos autorroscantes** *(tohr-NEE-johs ah-oo-toh-rrohs-KAHN-tehs)*
Sensitizer	**Sensibilizador** *(sehn-see-bee-lee-sah-DOHR)*
Set out	**Resaltar** *(reh-sahl-TAR)*
Setback	**Retiro** *(reh-TEE-roh)*
Sewage	**Aguas negras** *(AH-gwahs NEH-grahs)* **Cloacas** *(KLOAH-kahs)*
Sewage ejector	**Eyector de aguas negras** *(eh-jehk-TOHR deh AH-gwahs NEH-grahs)*
Sewer	**Cloaca** *(KLOAH-kah)* **Alcantarilla** *(ahl-cahn-tah-REE-jah)*
Shaft	**Recinto** *(reh-SEEN-toh)*
Shake, wood	**Teja de madera** *(TEH-hah deh mah-DEH-rah)* **Ripia** *(REE-pee-ah)*

Shear wall	**Muro cortante** *(MOO-roh kor-TAHN-teh)* **Muro de corte** *(MOO-roh deh KOR-teh)* **Muro sismorresistente** *(MOO-roh sees-moh-rreh-sees-TEHN-teh)*
Sheathing	**Entablado** *(ehn-tah-BLAH-doh)*
Sheathing edges	**Bordes del entablado** *(BOHR-dehs dehl ehn-tah-BLAH-doh)*
Sheet	**Pliego** *(PLYEH-goh)* **Chapa** *(CHAH-pah)* **Plancha** *(PLAHN-cha)* **Lámina** *(LAH-mee-nah)* **Tablestacado** *(tah-bleh-stah-KAH-doh)*
Sheet metal	**Lámina/Chapa metálica** *(LAH-mee-nah/CHAH-pah meh-TAH-lee-kah)* **Laminado** *(lah-mee-NAH-doh)*
Sheeting	**Laminado** *(lah-mee-NAH-doh)* **Lámina** *(LAH-mee-nah)*
Shelf	**Repisa** *(reh-PEE-sah)*
Shell	**Cáscara** *(KAHS-kah-rah)* **Cubierta** *(koo-BYEHR-tah)*
Shingle	**Teja** *(TEH-jah)* **Tejamanil** *(teh-hah-mah-NEEL)*
Shingle, asphalt	**Teja de asfalto** *(TEH-ha de as-PHAL-to)*
Shingle, wood	**Ripia** *(REE-pee-ah)*

Shiplap	**Traslape** *(trah-SLAH-peh)* **Rebajo a media madera** *(reh-BAH-hoh ah MEH-dyah mah-DEH-rah)*
Shop	**Taller** *(tah-JEHR)*
Shored/Unshored construction	**Construcción apuntalada/ no apuntalada** *(kohn-strook-SYON ah-poon-tah-LAH-dah/noh ah-poon-tah-LAH-dah)*
Shotcrete	**Hormigón proyectado** *(ohr-mee-GOHN proh-jehk-TAH-doh)* **Gunita** *(goo-NEE-ta)*
Shotcrete structures	**Estructura de hormigón proyectado** *(ehs-trook-TOO-rah deh ohr-mee-GOHN proh-jehk-TAH-doh)* **Estructuras de gunita** *(ehs-trook-TOO-rahs deh goo-NEE-tah)*
Show window	**Vitrina** *(vee-TREE-nah)*
Showcase	**Armario de exhibición** *(ar-MAH-ree-oh deh ehk-see-bee-SYON)*
Shower door	**Mampara de ducha** *(mahm-PAH-rah deh DOO-chah)*
Shower stall	**Ducha** *(DOO-chah)* **Regadera** *(reh-gah-DEH-rah)* **Cuarto de regadera** *(KWAR-toh deh reh-gah-DEH-rah)*
Showerhead	**Regadera** *(reh-gah-DEH-rah)*
Shrinkage	**Contracción** *(kohn-trahc-SYON)* **Encogimiento** *(ehn-koh-hee-MYEN-toh)* **Reducción** *(reh-dook-SYON)*
Shutoff valves	**Válvulas de cierre** *(VAHL-voo-lahs deh SYEH-rreh)*

Side-hinged door	**Puerta con bisagras laterales** *(PWEHR-tah kohn bee-SAH-grahs lah-teh-RAH-lehs)*
Sidewalk	**Acera** *(ah-SEH-rah)* **Vereda** *(veh-REH-dah)* **Banqueta** *(bahn-keh-tah)*
Sill	**Soporte** *(soh-POHR-teh)*
Sill cock	**Grifo de manguera** *(GREE-foh deh mahn-GUEH-rah)*
Sill plate	**Solera inferior** *(soh-LEH-rah een-feh-RYOR)*
Single pole breaker	**Interruptor automático unipolar** *(een-teh-rroop-TOHR ah-oo-toh-MAH-tee-koh oo-nee-poh-LAHR)*
Sink	**Lavabo** *(lah-VAH-boh)*
Sink, kitchen	**Fregadero** *(freh-gah-DEH-roh)* **Pileta de cocina** *(pee-LEH-tah deh koh-SEE-na)* **Tarja de cocina** *(TAR-hah deh koh-SEE-na)*
Site	**Sitio** *(SEE-tee-oh)*
Skylight	**Tragaluz** *(trah-gah-LOOS)* **Claraboya** *(klar-ah-BOH-yah)*
Skyscraper	**Rascacielos** *(rahs-kah-SYEH-lohs)*
Slab	**Losa** *(LOH-sah)*
Slags	**Escorias** *(ehs-KOH-ree-ahs)*
Slate shingle	**Teja de pizarra** *(TEH-hah deh pee-SAH-rrah)*
Sleeper	**Traviesa** *(trah-VYEH-sah)* **Durmiente** *(door-MYEHN-teh)*

Sleeve	**Camisa** *(kah-MEE-sah)* **Manga** *(MAHN-gah)*
Sliding doors/windows	**Puertas/ventanas deslizantes/corredizas** *(PWEHR-tahs/vehn-TAH-nahs deh-slee-SAHN-tehs/koh-rreh-DEE-sahs)*
Slope	**Pendiente** *(pehn-DYEHN-teh)* **Talud** *(tah-LOOD)* **Declive** *(deh-KLEE-veh)*
Slump	**Asentamiento** *(ah-sehn-tah-MYEHN-toh)*
Smoke	**Humo** *(OO-moh)*
Smoke barrier	**Barrera antihumo** *(bah-RREH-rah ahn-tee-OO-moh)*
Smoke curtain	**Cortina antihumo** *(kor-TEE-nah ahn-tee-OO-moh)*
Smoke density	**Densidad de humo** *(dehn-see-DAHD deh OO-moh)*
Smoke detector	**Sensor de humo** *(sehn-SOHR deh OO-moh)* **Detector de humo** *(deh-tehk-TOHR deh OO-moh)*
Smoke exhaust system	**Sistema de extracción de humo** *(see-STEH-mah deh ehk-strak-SYON deh OO-moh)*
Smoke layer	**Capa de humo** *(kah-pah deh OO-moh)*
Smoke tight	**Impermeables al humo** *(eem-pehr-meh-AH-blehs ahl OO-moh)*
Smoke-control zone	**Zona de control de humo** *(SOH-nah deh kohn-TROL deh OO-moh)*
Smoke-detection system	**Sistema de detección de humo** *(see-STEH-mah deh deh-tehk-SYON deh OO-moh)*
Soffit	**Sofito** *(soh-FEE-toh)*

Soft story	**Piso blando** *(PEE-soh BLAHN-doh)* **Piso flexible** *(PEE-soh flek-SEE-bleh)*
Soil pipe	**Tubo bajante de aguas negras** *(TOO-boh bah-JAHN-teh deh AH-gwahs NEH-grahs)*
Soil stack	**Bajante sanitaria** *(bah-HAHN-teh sah-nee-TAR-ee-ah)*
Sole plate	**Placa de base** *(PLAH-kah deh BAH-seh)*
Spalling	**Astilladuras** *(ah-stee-jah-DOO-rahs)*
Span	**Luz** *(loos)* **Vano** *(VAH-noh)* **Claro** *(KLAH-roh)*
Spandrel	**Jácena exterior** *(HAH-seh-nah ehk-steh-RYOHR)* **Tímpano** *(TEEM-pah-noh)* **Enjuta** *(ehn-HOO-tah)* **Muro de relleno** *(MOO-roh deh reh-JEH-noh)*
Spark arrester	**Trampa para chispas** *(TRAHM-pah PAH-rah CHEES-pahs)*
Special hazards	**Peligros especiales** *(peh-LEE-grohs eh-speh-SYAH-lehs)*
Spigot	**Llave** *(JAH-veh)* **Grifo** *(GREE-foh)* **Canilla** *(kah-NEE-jah)* **Espiga** *(ehs-PEE-gah)*
Spike	**Clavo especial para madera** *(KLAH-voh eh-speh-SYAHL PAH-rah mah-DEH-rah)*
Spiked	**Clavado** *(KLAH-vah-doh)*

Spiral stairs	**Escaleras de caracol** *(ehs-kah-LEH-rahs deh kah-rah-KOHL)*
Spirals	**Espirales** *(eh-spee-RAH-lehs)*
Spire	**Aguja** *(ah-GOO-hah)*
Splice	**Empalme** *(ehm-PAHL-meh)* **Traslape** *(trah-SLAH-peh)* **Junta** *(HOON-tah)* **Unión** *(oon-YOHN)*
Splice plates	**Planchas de empalme** *(PLAHN-chas deh ehm-PAHL-meh)*
Splined	**Acanalado** *(ah-kah-nah-LAH-doh)*
Spot mopped	**Adherido en secciones** *(ah-deh-REE-doh ehn sehk-SYOH-nehs)*
Spring	**Resorte** *(reh-SOHR-teh)*
Sprinkler	**Rociador** *(roh-see-ah-DOHR)*
Sprinkler head	**Boquilla de rociador** *(boh-KEE-jah deh roh-see-ah-DOHR)*
Sprinkler systems (automatic)	**Sistemas de rociadores (automáticos)** *[see-STEH-mahs deh roh-SYAH-dohrehs ah-oo-toh-MAH-tee-kohs)]*
Stack	**Tubería vertical/bajante** *(too-beh-REE-ah vehr-tee-KAHL/bah-HAHN-teh)* **Tubo vertical de evacuación** *(TOO-boh vehr-tee-KAHL deh eh-vah-kwah-SYON)*
Stack vent	**Respiradero de bajante** *(reh-spee-rah-DEH-roh deh bah-HAHN-teh)* **Tubería bajante de respiradero** *(too-beh-REE-ah bah-HAHN-teh- deh reh-spee-rah-DEH-roh)*

Stainless steel	**Acero inoxidable** *(ah-SEH-roh ee-noc-see-DAH-bleh)*
Stairs	**Escaleras** *(ehs-kah-LEH-rahs)*
Stairway	**Escalera** *(ehs-kah-LEH-rah)*
Stairway, enclosed	**Recinto de escaleras** *(reh-SEEN-toh deh ehs-kah-LEH-rahs)*
Stairwells	**Recinto de escaleras** *reh-SEEN-toh deh ehs-kah-LEH-rahs)*
Standpipe	**Columna hidrante** *(koh-LOOM-nah ee-DRAHN-teh)* **Tubería vertical** *(too-beh-REE-ah vehr-tee-KAHL)*
Standpipe system	**Sistema de columna hidrante** *(sees-TEH-mah deh koh-LOOM-nah hee-DRAHN-teh)*
Stands (reviewing)	**Estrados** *(eh-STRAH-dohs)* **Tribunas** *(tree-BOO-nah)* **Gradas** *(GRAH-dahs)*
Steam	**Vapor** *(vah-POHR)*
Steel	**Acero** *(ah-SEH-roh)*
Steel framing	**Estructura en/de acero** *(eh-strook-TOO-rah ehn / deh ah-SEH-roh)*
Steel studs	**Montantes de acero** *(mohn-TAHN-tehs deh ah-SEH-roh)*
Steeple	**Campanario** *(kahm-pah-NAH-ree-oh)*
Steps	**Escalones** *(ehs-kah-LOH-nehs)* **Peldaños** *(pehl-DAH-nyohs)*
Sterilizer	**Esterilizador** *(eh-steh-ree-lee-sah-DOHR)*
Stiffener	**Pieza de refuerzo** *(PYEH-sah deh reh-foo-EHR-soh)*

	Refuerzo *(reh-foo-EHR-soh)* **Atiesador** *(ah-tee-eh-sah-DOH-rehs)*
Stiffness	**Rigidez** *(ree-he-DEHS)*
Stirrups	**Estribos** *(eh-STREE-bohs)*
Stone	**Piedra** *(PYEH-drah)* **Roca** *(ROH-kah)*
Stops (door frame)	**Topes** *(TOH-pehs)*
Storage room	**Cuarto de almacenamiento** *(KWAR-toh deh ahl-mah-seh-nah-MYEHN-toh)* **Bodega** *(boh-DEH-gah)* **Depósito** *(deh-POH-see-toh)*
Store	**Tienda** *(TYEHN-dah)*
Storm drain	**Alcantarilla** *(ahl-kahn-tar-EE-jah)*
Story	**Piso** *(PEE-soh)*
Strap	**Fleje** *(FLEH-heh)* **Cincho** *(SEEN-choh)*
Strapping	**Flejes** *(FLEH-hehs)*
Stress	**Esfuerzo** *(ehs-foo-EHR-soh)*
Strip	**Listón** *(lee-STON)*
Stripping	**Tiras metálicas** *(TEE-rahs meh-TAH-lee-kahs)*
Structure	**Estructura** *(eh-strook-TOO-rah)*

Strut	**Puntal** *(poon-TAHL)*
Stucco	**Revoque** *(reh-VOH-keh)* **Enlucido** *(ehn-loo-SEE-doh)* **Estuco** *(ehs-TOO-koh)*
Stud	**Montante** *(mohn-TAHN-teh)* **Parante** *(par-AHN-teh)* **Barrote** *(ba-RROH-teh)*
Stud anchors	**Barras de anclaje** *(BAH-rrahs deh ahn-KLAH-heh)*
Stud bearing wall	**Muro portante con montante** *(MOO-roh pohr-TAHN-teh kohn mohn-TAHN-teh)*
Stud walls	**Muros con montantes** *(MOO-rohs kohn mohn-TAHN-tehs)* **Paredes de barrotes** *(pah-REH-dehs deh bah-RROH-tehs)*
Stud finder	**Buscador de montantes** *(boos-kah-DOHR deh mohn-TAHN-tehs)*
Subfloor	**Contrapiso** *(kohn-trah-PEE-soh)* **Bajopiso** *(bah-ho-PEE-soh)* **Subpiso** *(soob-PEE-soh)*
Subroof	**Base de techo** *(BAH-seh)*
Substrate	**Substrato** *(soob-STRAH-toh)*
Suite (hotel)	**Suite** *(soo-EE-teh)*
Sump	**Sumidero** *(soo-mee-DEH-roh)*
Sump pump	**Bomba de sumidero** *(BOHM-bah deh soo-mee-DEH-roh)*

Constructionary	sum-swi

Sump vent	**Respiradero de sumidero** *(reh-spee-rah-DEH-roh deh soo-mee-DEH-roh)*
Superintendent	**Superintendente** *(soo-pehr-een-tehn-DEHN-teh)*
Supervisor	**Supervisor** *(soo-pehr-vee-SOHR)* **Inspector** *(eens-pek-TOHR)*
Support	**Apoyo** *(ah-POH-joh)* **Soporte** *(soh-POHR-teh)*
Support (v)	**Resistir** *(reh-see-STEER)* **Sostener** *(sohs-teh-NEHR)* **Soportar** *(soh-pohr-TAR)*
Suppressor	**Amortiguador** *(ah-mohr-tee-gwah-DOHR)*
Suspended ceiling	**Falso plafón** *(fahl-soh plah-FOHN)* **Cielorraso suspendido** *(syeh-loh-RRAH-soh soos-pehn-DEE-doh)*
Swelling	**Expansión** *(ehk-spahn-SYON)* **Hinchazón** *(heen-chah-SOHN)*
Swimming pool	**Piscina (de natación)** *[pee-SEE-nah (deh nah-tah-SYON)]* **Alberca** *(ahl-BEHR-kah)*
Swinging door	**Puerta pivotante** *(PWEHR-tah pee-voh-TAHN-teh)*
Switch	**Interruptor** *(een-teh-rroop-TOHR)* **Apagador** *(ah-pah-gah-DOHR)*
Switch plate	**Placa del interruptor** *(PLAH-kah deh een-teh-rroop-TOHR)*

Tag	**Etiqueta** *(eh-tee-KEH-tah)*
Taping compound	**Pasta de muro** *(PAHS tah deh MOO-roh)*
Tar	**Alquitrán** *(ahl-kee-TRAHN)* **Brea** *(BREH-ah)* **Chapopote** *(chah-poh-POH-teh)*
Tar paper	**Papel de brea** *(pah-PEHL de BREH-ah)*
Tarp	**Lona** *(LOH-nah)*
TEE	**T, injerto** *(T, een-HEHR-toh)*
Technician	**Técnico** *(TEHK-nee-koh)*
Templates	**Plantillas** *(plahn-TEE-jahs)*
Temporary	**Provisional** *(proh-vee-syoh-NAHL)*
Tenant	**Inquilino** *(een-kee-LEE-noh)*
Tendons	**Tendones** *(tehn-DOH-nehs)* **Tensores** *(tehn-SOH-rehs)*
Tension	**Tensión** *(tehn-SYON)*
Terminal	**Terminal** *(tehr-mee-NAL)*
Termite	**Termita** *(tehr-MEE-tah)*

Test	**Ensayo** *(ehn-SAH-joh)* **Prueba** *(PRWEH-bah)* **Someter a ensayo/prueba** *(soh-meh-TEHR ahehn-SAH-joh/PRWEH-bah)*
Test apparatus	**Aparato de ensayo** *(ah-par-AH-toh deh ehn-SAH-joh)* **Aparato de prueba** *(ah-par-AH-toh deh PRWEH-bah)*
Texture	**Textura** *(tehks-TOO-rah)*
Thawing	**Descongelación** *(dehs-kohn-heh-lah-SYON)*
Thread	**Hilo** *(EE-loh)*
Threshold	**Umbral** *(oom-BRAHL)*
Tie	**Amarra** *(ah-MAH-rrah)* **Ligadura** *(lee-gah-DOO-rah)* **Tirante** *(tee-RAHN-teh)*
Tier	**Hilera** *(ee-LEH-rah)*
Tile	**Teja** *(TEH-hah)*
Tile, floor	**Baldosas** *(bahl-DOH-sahs)*
Tile, masonry	**Ladrillo cerámico** *(lah-dree-joh seh-RAH-mee-koh)*
Timber	**Maderos** *(mah-DEH-rohs)* **Madera de construcción** *(mah-DEH-rah deh kohn-strook-SYON)*
Tin	**Lata** *(LAH-tah)* **Chapa** *(CHAH-pah)* **Estaño** *(ehs-TAH-nyo)*

Toeboard	**Tabla de pie** *(TAH-blah deh PYEH)*
Toenail	**Clavo oblicuo** *(KLAH-voh oh-BLEE-koo-oh)*
Toilet	**Inodoro** *(ee-noh-DOH-roh)* **Sanitario** *(sah-nee-TAH-ree-oh)* **Excusado** *(ehk-skoo-SAH-doh)* **Retrete** *(reh-TREH-teh)*
Tongue and groove	**Machihembrado** *(mah-chee-ehm-BRAH-doh)*
Tools	**Herramientas** *(eh-rrah-MYEHN-tahs)*
Torch	**Antorcha** *(ahn-TOHR-chah)*
Tracer	**Alambre testigo** *(ah-LAHM-breh teh-stee-goh)* **Alambre rastreador** *(ah-LAHM-breh Rahstreh-ah-dohr)*
Trap	**Sifón** *(see-FOHN)* **Trampa hidráulica** *(TRAHM-pah hee-DRAH-oo-lee-kah)*
Trap seal	**Sello de trampa hidráulica** *(SEH-joh deh TRAHM-pah hee-DRAH-oo-lee-kah)*
Travel distance	**Distancia de desplazamiento/ recorrido** *(dees-TAHN-syah deh dehs-plah-sah-MYEN-toh/rreh-koh-RREE-doh)*
Tread (stair)	**Huella** *(WEH-jah)* **Peldaño** *(pehl-DAH-nyoh)*
Treated wood	**Madera tratada** *(mah-DEH-rah trah-TAH-dah)*
Trench	**Zanja** *(SAHN-hah)*
Trim	**Molduras** *(mohl-DOO-rahs)*

Truss	**Cercha** *(SEHR-chah)* **Reticulado** *(reh-tee-koo-LAH-doh)* **Armadura** *(ar-mah-DOO-rah)* **Cabreada** *(kah-breh-AH-dah)* **Caballete** *(kah-bah-JEH-teh)*
Tubing	**Cañería** *(kah-nyeh-REE-ah)* **Tubería** *(too-beh-REE-ah)*
Tufted	**De bucles** *(deh BOO-klehs)*
Turned-down footings	**Zapatas invertidas** *(sah-PAH-tahs een-vehr-TEE-dahs)*

Unbalanced fill	**Relleno sin consolidar** *(reh-JEH-noh seen kohn-soh-lee-DAR)*
Unbalanced loads	**Cargas no balanceadas** *(KAHR-gahs noh bah-lahn-seh-AH-dahs)*
Uncased concrete piles	**Pilotes sin encamisar/ sin camisa** *(pee-LOH-tehs seen ehn-KAH-mee-SAR/ seen kah-MEE-sah)*
Undercut	**Resquicio** *(rehs-KEE-syoh)*
Underground	**Subterráneo** *(soob-teh-RRAH-neh-oh)*
Underlap	**Subsolape** *(soob-soh-LAH-peh)*
Underlayment	**Capa base** *(KAH-pah BAH-seh)* **Capa de soporte** *(KAH-pah deh soh-POHR-teh)* **Capa bituminosa debajo del piso de madera** *(KAH-pah bee-too-mee-NOH-sah deh-BAH-joh dehl PEE-soh deh mah-DEH-rah)* **Substrato** *(soob-STRAH-toh)* **Bajopiso** *(bah-joh-PEE-soh)*
Uniform Building Code	**Código Uniforme de la Edificación** *(KOH-dee-goh oo-nee-FOHR-meh deh lah eh-dee-fee-kah-SYON)*
Uniform Fire Code	**Código Uniforme de Protección contra Incendios** *(KOH-dee-goh oo-nee-FOHR-meh deh proh-tehk-SYON KOHN-trah een-SEHN-dee-ohs)*

Uniform Mechanical Code	**Código Uniforme de Instalaciones Mecánicas** *(KOH-dee-goh oo-nee-FOHR-meh deh een-stah-lah-SYOH-nehs meh-KAH-nee-kahs)*
Uniform Plumbing Code	**Código Uniforme para Instalaciones Hidráulicas y Sanitarias** *(KOH-dee-goh oo-nee-FOHR-meh PAH-rah een-stah-lah-SYOH-nehs ee-DRAH-oo-lee-kahs ee sah-nee-TAH-ree-ahs)*
Union	**Unión** *(oon-YOHN)* **Junta** *(HOON-tah)*
Unlimited area	**Área ilimitada** *(AH-reh-ah ee-lee-mee-TAH-dah)*
Unsafe buildings	**Edificaciones inseguras** *(eh-dee-fee-kah-SYOH-nehs een-seh-GOO-rahs)*
Unstable ground	**Terreno inestable** *(teh-RREH-noh ee-neh-STAH-bleh)*
Uplift (wind)	**Remonte** *(reh-MOHN-teh)* **Levantamiento (por viento)** *(leh-vahn-tah-MYEHN-toh (pohr VYEHN-toh)*
Urinal	**Urinario** *(oo-ree-NAH-ree-oh)* **Urinal** *(oo-ree-NAHL)* **Mingitorio** *(meen-hee-TOH-ree-oh)*
Use	**Uso** *(OO-soh)* **Utilizar** *(oo-tee-lee-SAR)*
Utility	**Utilidad** *(oo-tee-lee-DAHD)* **Uso general** *(OO-soh heh-neh-RAHL)*
Utility (public service)	**Servicios públicos** *(sehr-VEE-syohs POOH-blee-kohs)*

Vacuum	**Vacío** *(vah-SEE-oh)* **Aspiradora** *(ahs-pee-rah-DOH-rah)*
Vacuum breaker	**Interruptor de vacío** *(een-teh-rroop-TOHR deh vah-SEE-oh)*
Valuation	**Valuación** *(vah-luah-SYON)*
Value	**Valor** *(vah-LOHR)*
Valve, bleeder	**Válvula de purga** *(VAHL-voo-lah deh POOR-gah)*
Valve, hub	**Válvula de cubo** *(VAHL-voo-lah deh KOO-boh)*
Valve, key	**Válvula de llave** *(VAHL-voo-lah deh JAH-veh)*
Veneer	**Revestimiento** *(reh-veh-stee-MYEHN-toh)*
Veneer plaster	**Revestimiento de enlucido/ revoque** *(reh-veh-stee-MYEHN-toh deh ehn-loo-SEE-doh/reh-VOH-keh)*
Vent	**Respiradero** *(reh-spee-rah-DEH-roh)*
Vent (v)	**Ventilar** *(vehn-tee-LAR)* **Evacuar** *(eh-vah-KWAR)* **Aliviar** *(ah-lee-VYAR)* **Desahogar** *(dehs-ah-oh-GAR)*
Vent pipe	**Tubo de ventilación** *(TOO-boh deh vehn-tee-lah-SYON)*

Vent shaft	**Recinto de ventilación** *(reh-SEEN-toh deh vehn-tee-lah-SYON)*
Vent stack	**Respiradero vertical** *(reh-spee-rah-DEH-roh vehr-tee-KAHL)*
Vent system	**Sistema de ventilación** *(see-STEH-mah deh vehn-tee-lah-SYON)*
Ventilate	**Ventilar** *(vehn-tee-LAR)*
Venting system	**Sistema de evacuación** *(see-STEH-mah deh eh-vah-kwah-SYON)*
Vertical pipe	**Tubería vertical** *(too-beh-REE-ah vehr-tee-KAHL)*
Vessel	**Recipiente** *(reh-see-PYEHN-teh)*
Vestibule	**Vestíbulo** *(vehs-TEE-boo-loh)*
Vinyl siding	**Revestimiento vinilo** *(reh-veh-stee-MYEHN-toh vee-NEE-loh)*
Vise	**Morsa** *(MOHR-sah)*
Void space	**Espacio vacío** *(eh-SPAH-syoh vah-SEE-oh)*
Volatile memory	**Memoria volátil** *(meh-MOH-ree-ah voh-LAH-teel)*
Voltage	**Voltaje** *(vohl-TAH-heh)*
Volts	**Voltios** *(VOHL-tee-ohs)*

Wafer head	**Cabeza plana** *(kah-BEH-sah PLAH-nah)*
Wainscot, Wainscoting	**Friso** *(FREE-soh)* **Alfarje** *(ahl-FAR-heh)* **Material de revestimiento** *(mah-teh-RYAHL deh reh-veh-stee-MYEHN-toh)* **Zócalos altos** *(SOH-kah-lohs AHL-tohs)*
Waive	**Descartar** *(dehs-kahr-TAHR)* **Renunciar a un derecho** *(reh-noon-SYAR- ah oon deh-REH-choh)*
Walk-in cooler	**Frigorífico** *(free-goh-REE-fee-koh)*
Walking surface	**Superficie/Área peatonal** *(soo-pehr-FEE-see-eh/AH-reh-ah peh-ah-toh-NAHL)*
Walks, moving	**Caminos móviles** *(kah-MEE-nohs MOH-vee-lehs)*
Walkway	**Camino** *(kah-MEE-noh)*
Wall	**Muro** *(MOO-roh)* **Pared** *(pa-REHD)* **Barda** *(BAR-dah)*
Wall face	**Placa de pared** *(PLAH-cah deh pa-REHD)*
Wall frames	**Estructuras de muros** *(ehs-trook-TOO-rahs deh MOO-rohs)*

Wallboard	**Plancha de yeso** *(PLAHN-chah deh YEH-soh)* **Cartón de yeso** *(kahr-TOHN deh YEH-soh)*
Warehouse	**Depósito** *(deh-POH-see-toh)* **Bodega** *(boh-DEH-gah)* **Almacén** *(ahl-mah-SEHN)* **Galpón** *(gahl-POHN)*
Washer and Dryer	**Lavadora y secadora** *(lah-vah-DOH-rah ee seh-kah-DOH-rah)*
Washer	**Arandela** *(ah-rahn-DEH-lah)* **Planchuela de perno** *(plahn-CHWEH-lah deh PEHR-noh)*
Water heater	**Calentador/Calentón de agua** *(kah-leh-tah-DOHR/kah-lehn-TOHN de AH-gwah)* **Calefón** *(kah-leh-FOHN)* **Termotanque** *(tehr-moh-TAHN-keh)*
Water main	**Tubería principal** *(too-beh-REE-ah preen-see-PAL)* **Tubería matriz** *(too-beh-REE-ah mah-TREES)*
Water well	**Aljibe** *(ahl-HEE-beh)* **Pozo de agua** *(POH-soh deh AH-gwah)*
Wax seal	**Empaque de cera** *(ehm-PAH-keh deh SEH-rah)*
Weeds	**Yerbajos** *(jehr-BAH-hos)*
Wedge	**Cuña** *(KOO-nyah)*
Welding	**Soldadura** *(sohl-dah-DOO-rah)*
Welding rod	**Electrodo** *(eh-lehk-TROH-doh)*

Well, dug	**Pozo excavado** *(POH-soh ehk-SKAH-vah-doh)*
Window	**Ventana** *(ven-TAH-nah)*
Window sill	**Soporte de ventana** *(so-POR-teh deh ven-TAH-nah)* **Repisa de ventana** *(reh-PEE-sah deh ven-TAH-nah)* *(see-mehn-ta-SYON)*
Wire	**Alambre** *(ah-LAM-breh)*
Wire backing	**Alambre de soporte** *(ah-LAM-breh deh soh-pohr-TEH)*
Wire, chicken	**Alambre de pollo** *(ah-LAM-breh deh POH-joh)*
Wire connectors	**Conectores de alambre** *(koh-nek-TOH-rehs deh ah-LAM-breh)* **Cable alambre conector** *(KAH-bleh ah-LAM-breh koh-nek-TOHR)*
Wire fabric	**Malla de alambre** *(MAH-jah deh ah-LAM-breh)*
Wire mesh	**Tela metálica** *(TEH-lah meh-TAH-lee-kah)*
Wire tie	**Alambre de paca** *(ah-LAM-breh deh PAH-kah)*
Wood board	**Tabla de madera** *(TAH-blah deh mah-DEH-rah)*
Wood framing	**Estructura en/de madera** *(eh-strook-TOO-rah ehn/deh mah-DEH-rah)* **Entramado de madera** *(ehn-trah-MAH-doh deh mah-DEH-rah)* **Bastidores de madera** *(bah-stee-DOH-rehs deh mah-DEH-rah)*
Wood shakes	**Duela de madera** *(DWEH-lah deh mah-DEH-rah)*
Wood shingles	**Tejas de madera** *(TEH-hahs deh mah-DEH-rah)*
Wood strip flooring	**Piso enlistonado de madera** *(PEE-soh ehn-lee-stoh-NAH-doh deh mah-DEH-rah)*
Wood truss	**Cercha de madera** *(SEHR-chah deh mah-DEH-rah)*

Woodworker	**Ebanista** *(eh-bah-NEES-tah)*
Work	**Obra** *(OH-brah)* **Trabajo** *(trah-BAH-hoh)*
Work, completion of	**Terminación de obra** *(tehr-mee-nah-SYON deh OH-brah)*
Working drawings	**Planos** *(PLAH-nohs)* **Dibujos** *(dee-BOO-hos)*

Tools

Axe	**Hacha** *(AH-chah)*
Ball-peen hammer	**Martillo de bola** *(mar-TEE-joh deh BOH-lah)*
Bar	**Barreta** *(bah-<u>RR</u>EH-tah)*
Basin wrench	**Llave pico de ganso** *(JAH-veh PEE-koh deh GAHN-soh)*
Blower	**Sopladora** *(soh-plah-DOH-rah)*
Brace and bit	**Taladro de mano** *(tah-LAH-droh deh MAH-no)* **Berbiquí y barrena** *(ber-bee-KEE ee bah-<u>RR</u>EH-nah)*
Broom	**Escoba** *(ehs-KOH-bah)*
Brush	**Pincel** *(peen-SEHL)* **Brocha** *(BROH-chah)* **Cepillo** *(seh-PEE-joh)*
Bucket	**Cubeta** *(koo-BEH-tah)* **Balde** *(BALH-deh)*
Carpenter's apron	**Mandil** *(mahn-DEEL)* **Delantal** *(deh-lahn-TAHL)*
Carpenter's square	**Escuadra** *(ehs-KWAH-drah)*
C-clamp	**Prensa en c** *(PREN-sah en seh)*
Chain pipe wrench	**Llave de cadena** *(JAH-veh deh kah-DEH-nah)*
Chain saw	**Sierra de cadena** *(SYEH-<u>rr</u>ah deh kah-DEH-nah)*

tools	Constructionary
Chisel wood	**Escopio** *(ehs-KOH-pee-oh)* **Formón** *(for-MON)* **Cincel** *(seen-SEL)*
Circular saw	**Sierra circular de mano** *(SYEH-rrah seer-koo-LAR deh MAH-noh)*
Circular saw blade	**Disco** *(DEES-koh)*
Claw hammer	**Martillo chivo** *(mahr-TEE-joh CHEE-voh)*
Come-along	**Mordaza tiradora de alambre** *(mohr-DAH-sah tee-rah-DOH-rah deh ah-LAM-breh)*
Combination square	**Escuadra de combinación** *(ehs-KWAH-drah deh kohm-been-ah-SYON)*
Compound mitre saw	**Sierra de corte angular** *(SYEH-rrah deh KOHR-teh ahn-goo-LAHR)* **Sierra de ingletes compuesta** *(SYEH-rrah deh een-GLEH-tehs kohm-PWEHS-tah)*
Cut-off saw	**Sierra para cortar** *(SYEH-rrah PAH-rah kohr-TAHR)* **Sierra de madera** *(SYEH-rrah deh mah-DEH-rah)*
Darby	**Plana** *(PLAH-na)* **Flatacho** *(flah-TAH-choh)*
Drill	**Taladro** *(tah-LAH-droh)*
Drill bit	**Broca** *(BROH-kah)* **Mecha** *(MEH-cha)*
Drill, electric	**Taladro eléctrico** *(tah-LAH-droh eh-LEHK-tree-koh)*
File	**Lima** *(LEE-ma)*

Constructionary	tools
Flashlight	**Linterna** *(leen-TEHR-nah)*
Flat head	**Desarmador de hoja plana** *(des-ar-mah-DOR deh OH-ha PLAH-na)*
Forklift	**Montacargas** *(mohn-tah-CAHR-gahs)*
Framing square	**Escuadra** *(ehs-KWAH-dra)*
Funnel	**Embudo** *(ehm-BOO-doh)*
Goggles	**Lentes de seguridad** *(LEHN-tehs deh seh-goo-ree-DAHD)*
Gloves	**Guantes** *(GWAN-tehs)*
Hammer	**Martillo** *(mar-TEE-joh)*
Hand saw	**Serrucho de mano** *(seh-RROO-cho deh MAH-noh)*
Hawk	**Esparavel** *(ehs-pah-ra-VEL)*
Hoe	**Azadón** *(ah-sah-DOHN)* **Zapa** *(SAH-pah)*
Hose	**Manguera** *(mahn-GEH-rah)*
Jigsaw	**Sierra de vaivén** *(SYEH-rrah deh vahy-VEHN)*
Jointer	**Cepillo automático** *(seh-PEE-yoh ah-oo-toh-MAH-tee-koh)*
Jointer plane	**Cepillo de mano** *(seh-PEE-yoh deh MAH-no)*
Knife, utility	**Navaja** *(nah-VAH-hah)* **Cortapluma** *(kohr-tah-PLOO-mah)*
Ladder	**Escalera de mano** *(ehs-kah-LEH-rah deh MAH-no)*
Lawnmower	**Cortadora de césped/pasto** *(kor-tah-DOH-rah deh SEHS-pehd/PAHS-toh)* **Cortacésped** *(kor-tah-SEHS-pehd)*

Level	**Nivel** *(nee-VEL)*
Mallet	**Mazo** *(MAH-soh)*
Mask	**Máscara** *(MAHS-kah-rah)* **Careta** *(kah-REH-tah)*
Medicine cabinet	**Botiquín** *(boh-tee-KEEN)*
Mitre box	**Caja de corte a ángulos** *(KAH-hah deh KOHR-teh ah AHN-goo-lohs)*
Mitre saw	**Sierra de retroceso para ingletes** *(SYEH-rrah deh reh-troh-SEH-soh PAH-rah een-GLEH-tehs)*
Mixer	**Mezcladora** *(mehs-klah-DOH-rah)* **Revolvedora** *(reh-vohl-veh-DOH-rah)*
Nail gun	**Clavadora automática** *(klah-vah-DOH-rah ah-oo-toh-MAH-tee-kah)*
Nail set	**Botador/embutidor de clavos** *(boh-tah-DOHR/ehm-boo-tee-DOHR deh KLAH-vohs)*
Phillips	**Desarmador de punta de cruz** *(des-ar-mah-DOR deh POON-tah deh kroos)*
Pick	**Pico** *(PEE-koh)*
Pick-axe	**Zapapico** *(sah-pah-PEE-koh)*
Plane	**Cepillo** *(seh-PEE-joh)*
Pliers	**Alicates** *(ah-lee-KAH-tehs)* **Pinzas** *(PEEN-sas)*
Pliers, channel lock	**Alicates de extensión** *(ah-lee-KAH-tehs deh ehk-stehn-SYON)*
Pliers, vise grips	**Alicates de presión** *(ah-lee-KAH-tehs deh preh-SYON)*

	Pinzas perras
	(PEEN-sas PEH-rras)
Plumb bob	**Plomada**
	(ploh-MAH-dah)
Plumb line	**Hilo de plomada**
	(EE-loh deh ploh-MAH-dah)
Pump	**Bomba**
	(BOHM-bah)
Punches	**Punzones**
	(poon-SOH-nehs)
Radial arm saw	**Serrucho guillotina**
	(seh-RROO-choh gheeh-joh-TEE-nah)
Radial saw	**Sierra fija**
	(SYEH-rrah FEE-hah)
Rake	**Rastrillo**
	(rahs-TREE-joh)
Rebar bender	**Doblador de varilla**
	(doh-blah-DOR deh vah-REE-jah)
Reciprocating saw	**Sierra alternativa**
	(SYEH-rrah ahl-tehr-nah-TEE-vah)
Roller	**Aplanadora**
	(ah-plah-nah-DOH-rah)
Router	**Fresadora**
	(freh-sah-DOH-rah)
	Contorneador
	(kohn-tohr-neh-ah-DOHR)
	Buriladora
	(boo-ree-lah-DOH-rah)
Safety glasses	**Gafas de seguridad**
	(GAH-fahs deh seh-goo-ree-DAHD)
Sander	**Lijadora**
	(lee-hah-DOH-rah)
Saw	**Sierra**
	(SYEH-rrah)
	Serrucho
	(seh-RROO-choh)
Saw, electric	**Sierra eléctrica**
	(SYEH-rrah eh-LEHK-tree-ka)
Saw, hack	**Sierra para metales**
	(SYEH-rrah PAH-rah meh-TAH-les)
Saw, hand	**Serrucho de mano**
	(seh-RROO-cho deh MAH-noh)

tools	Constructionary
Saw, power	**Sierra eléctrica** *(SYEH-rrah eh-LEHK-tree-ka)*
Sawhorse	**Burro** *(BOO-rroh)*
Screwdriver	**Destornillador** *(dehs-tor-nee-jah-DOR)* **Desarmador** *(dehs-ar-mah-DOR)*
Sheet metal shears	**Tijeras para metal** *(Tee-HEH-rahs PAH-rah meh-TAHL)*
Shingling hammer	**Martillo para tejamanil** *(mar-TEE-joh PAH-rah teh-hah-mah-NEEL)*
Shovel	**Pala** *(PAH-lah)*
Sledgehammer	**Marro** *(MAH-rroh)* **Mazo** *(MAH-soh)*
Square	**Escuadra** *(ehs-KWAH-drah)*
Solderer	**Soldador** *(sohl-dah-DOHR)*
Soldering torch	**Soplete** *(soh-PLEH-teh)*
Stapler	**Engrapadora** *(ehn-grah-pah-DOH-rah)*
Staple gun	**Engrapadora automática** *(ehn-grah-pah-DOH-rah ah-oo-toh-MAH-tee-kah)*
Strap wrench	**Llave de correa** *(JAH-veh deh koh-RREH-ah)* **Llave de cincho** *(JAH-veh deh SEEN-cho)*
Table saw	**Sierra fija** *(SYEH-rrah FEE-hah)* **Sierra de mesa** *(SYEH-rrah deh MEH-sah)* **Sierra circular de mesa** *(SYEH-rrah seer-koo-LAR deh MEH-sah)*
Thread	**Hilo** *(EE-loh)*

Constructionary	tools

Tool box	**Caja de herramientas** *(KAH-hah deh eh-rrah-MYEN-tahs)*
Trowel, joint filler	**Paleta de relleno** *(pah-LEH-tah deh reh-JEH-noh)*
Trowel, mason's	**Paleta de albañil** *(pah-LEH-tah deh al-bah-NYEEL)*
Trowel, square	**Llana** *(JAH-nah)*
T-square	**Regla T** *(REH-glah TEH)*
Valve seat wrench	**Llave de asientos de válvula** *(JAH-veh deh ah-SYEN-tohs deh VAHL-voo-lah)*
Vice bench	**Torno/tornillo de banco** *(TOR-noh/tohr-NEE-joh deh BAHN-koh)*
Welding mask	**Careta para soldar** *(kah-REH-tah PAH-rah sohl-DAHR)*
Wheel barrow	**Carretilla** *(kah-rreh-TEE-jah)* **Carrucha** *(kah-RROO-chah)* **Engarilla** *(ehn-gah-REE-jah)*
Worm drive circular saw	**Sierra circular con tornillo sinfin** *(SYEH-rrah seer-koo-LAR cohn tohr-N-EE-joh seen-FEEN)*
Wrench	**Llave** *(JAH-veh)*
Wrench, adjustable	**Llave francesa** *(JAH-veh frahn-SEH-sa)*
Wrench, basin	**Llave pico de ganso** *(JAH-veh PEE-koh deh GAHN-soh)*
Wrench, crescent	**Llave de tuercas** *(JAH-ve deh TWER-kas)* **Llave francesa ajustable** *(JAH-veh frahn-SEH-sa ah-HOOS-tah-bleh)*
Wrench, plumbers	**Llave inglesa** *(JAH-veh een-GLEH-sa)*
Work light	**Lámpara de trabajo** *(LAHM-pah-rah deh trah-BAH-hoh)*

Constructionary

Useful On-the-job Phrases

1. Do you speak English?
   ¿Habla inglés?
   (AH-blah een-GLEHS)

2. What is your name?
   ¿Cómo se llama (usted)?
   [KOH-moh seh JAH-ma (oos-TEHD)]
   ¿Cuál es su nombre?
   (KWAL ehs soo NOHM-breh)

3. My name is.../I am...
   Mi nombre es.../ Me llamo...
   (mee NOHM-breh ehs.../ Meh JAH-mo...)

4. Pleased to meet you.
   Mucho gusto (en conocerlo)
   [MOO-choh GOOS-toh (en koh-noh-SEHR-loh)]

5. What is your phone number?
   ¿Cuál es su número de teléfono?
   (KWAHL ehs soo NOO-meh-roh deh teh-LEH-foh-noh)

6. Please fill out this application.
   Por favor, complete (usted) ésta solicitud.
   [pohr fah-VOR com-PLEH-teh (oos-TEHD) EHS-ta soh-lee-see-TOOD]

7. I need you to fill out this federal tax form.
   Necesito que complete éste formulario de impuestos federales.
   (neh-ceh-SEE-toh keh com-PLEH-teh EHS-teh for-moo-LAH-ree-oh deh eem-PWES-toss feh-deh-RAH-less)

8. And this one for state taxes.
   Y éste de impuestos estatales.
   (EE EHS-teh deh eem-PWES-toss ehs-tah-TAH-less)

9. Also this I-9 form from the government.
   También éste formulario I-9 del gobierno.
   (tam-BYEN EHS-teh for-moo-LAH-ree-oh EE-NWEH-veh dehl go-BYER-noh)

10. I need to see the actual identification you list on the form.
    Necesito ver la identificacion que indicó (usted) en el formulario
    [neh-ceh-SEE-toh vehr la ee-den-tee-fee-kah-SEEOHN keh een-dee-KOH (oos-TEHD) ehn el for-moo-LAH-ree-oh]

Useful Phrases   **Constructionary**

11. Either one from column A or one each from columns B and C.
    Se requiere una de la columna A o una de cada una de las columnas B y C.
    (seh reh-KYEH-reh oo-nah deh la koh-LOOM-nah AH oh oo-na deh lass koh-LOOM-nas BEH ee CEH)

12. Without I.D., I can't hire you.
    Sin la identificación adecuada, no puedo emplearlo.
    (seen la ee-den-tee-fee-kah-SEEOHN ah-deh-KWAH-dah noh PWEH-doh ehm-pleh-AR-loh)

13. Do you have a union card?
    ¿Tiene su credencial de la unión (sindicato)?
    [TYEH-neh soo kreh-den-SEE-al deh la oon-YOHN (seen-dee-KAH-to)]

14. Can I see it please?
    ¿Puedo verla por favor?
    (PWEH-doh VEHR-la por fah-VOHR)

15. Did the union send you?
    Lo manda la unión (el sindicato)?
    [loh MAHN-dah la oon-YOHN (ehl seen-dee-KAH-toh)]

16. Can I see the referral.
    ¿Puedo ver la hoja (referencia)?
    [PWEH-doh VEHR-la OH-hah (reh-feh-REHN-see-ah)]

17. Do you have your own tools?
    ¿Tiene (usted) sus propias herramientas de mano?
    [TYEH-neh (oos-TEHD) soos PROH-pee-as EHR-rah-MYEN-tas deh MAH-noh]

18. If not, I can't use you.
    Si no, entonces no puedo emplearlo.
    (see NOH, ehn-TOHN-cehs noh PWEH-doh ehm-pleh-AR-loh)

19. Your pay is going to be — per hour.
    Se le va a pagar — por hora.
    (seh leh VAH ah pah-GAHR — pohr OH-rah)

20. ...less tax withholding (...benefits ...union dues).
    ...menos descuentos por impuestos (...beneficios ...cuota de la unión).
    [...MEH-nohs des-KWEN-tos pohr eem-PWES-toss (beh-neh-FEE-see-ohs ...KWOH-tah deh lah oon-YOHN)]

Constructionary — Useful Phrases

21. I will pay you at the end (of the day/week/month)
    Le pagaré al final (del día/semana/mes)
    [leh pah-gah-REH ahl fee-NAHL (dehl DEE-ah/seh-MAH-nah/MEHS)]

22. Payday is every Friday (Saturday, Sunday, etc.)
    El día de pago es cada viernes (sábado, domingo, etc.)
    [ehl DEE-ah deh PAH-goh ehs KAH-dah VYEHR-nes (SAH-bah-doh, doh-MEEN-goh)]

23. Can you work tomorrow?
    ¿Puede trabajar mañana?
    (PWEH-deh trah-bah-HAR mah-NYAH-nah)

24. See you tomorrow.
    Nos vemos mañana.
    (nohs VEH-mohs mah-NYAH-nah)

25. Please do not waste materials.
    Por favor no malgaste los materiales.
    (pohr fah-VOHR noh mal-GAHS-teh lohs mah-teh-RYAH-less)

26. Can you drive a car?
    ¿Sabe conducir?
    (SAH-beh kohn-doo-SEER)

27. Do you have a driver's license?
    ¿Tiene licencia de conducir?
    (TYEH-neh lee-SEHN-see-ah deh kohn-doo-SEER)

28. You may use this bathroom.
    Puede usar este baño.
    (PWEH-deh oo-SAHR EHS-teh BAH-nyo)

29. How late can you work?
    ¿Qué tan tarde puede trabajar?
    (keh tahn TAHR-deh PWEH-de trah-bah-HAR)

30. Are you hungry — thirsty?
    ¿Tiene hambre — sed?
    (TYEH-neh AHM-breh – SEHD)

31. What do you want to eat — drink?
    ¿Qué quiere comer — tomar?
    (keh KYEH-reh KOH-mehr – toh-MAHR)

32. Come with me.
    Venga conmigo.
    (VEHN-gah kohn-MEE-goh)

Useful Phrases   **Constructionary**

33. Here is your job safety booklet. Read it and use it.
    Aquí está su folleto de seguridad en el trabajo. Léalo y úselo.
    (ah-KEE ehs-TAH soo foh-YEH-toh deh se-goo-ree-DAD en el trah-BAH-ho. LEH-ah-loh ee OO-seh-loh)

34. Wear these glasses (hat, gloves) for your protection
    Use estos lentes (casco, guantes) para su protección.
    [OO-seh EHS-tohs LEHN-tehs (KAHS-coh, GWAHN-tehs) PAH-rah soo proh-tehk-SYON]

35. Are you sick? You need to go home.
    ¿Se siente enfermo? Necesita regresar a casa.
    (seh SYEHN-teh en-FEHR-moh)

36. Are you injured? Go to the doctor/clinic now!
    ¿Se lesionó? ¡Vaya al doctor/a la clínica ahora mismo!
    (seh leh-syoh-NOH. VAH-yah ahl dohk-TOHR/ah lah KLEE-nee-kah ah-OH-rah MEES-moh)

37. Bring the doctor's report when you come back.
    Tráigame el reporte (la nota) del doctor cuando regrese.
    [TRAHY-gah-meh el reh-POHR-teh (la NOH-tah) dehl dohk-TOHR KWAN-doh re-GREH-seh]

38. Don't use any tools (without asking).
    No use ninguna herramienta (sin mi permiso).
    [noh OO-seh neen-GOO-nah eh-rrah-MYEN-ta (seen mee per-MEE-soh)]

39. I don't allow beer drinking on the job site.
    No se permite tomar cerveza en el área de trabajo.
    (noh seh per-MEE-teh toh-mar sehr-VEH-sah ehn ehl AH-reh-ah deh trah-BAH-ho)

40. Drug use is not tolerated.
    No se tolera el uso de drogas.
    (noh seh toh-LEH-rah ehl OO-soh deh DROH-gahs)

41. Whenever a building inspector shows up, let me know immediately.
    Cuando llegue un inspector, avíseme inmediatamente.
    (KWAHN-doh JEH-geh oon eens-pec-TOHR, ah-VEE-seh-meh een-meh-DYAH-tah-men-teh)

42. Be careful!
    ¡Ten(ga) cuidado!
    [TEHN(gah) kwee-DAH-doh]

43. Watch out!
    ¡Cuidado!
    (kwee-DAH-doh)
    ¡Ojo!
    (OH-ho)
    ¡Aguas!
    (AH-gwas)
    ¡Pon(ga) atención!
    [POHN(gah) ah-tehn-SYON]

44. Follow me.
    Sígame.
    (SEE-gah-meh)

45. Pull!
    ¡Jale!
    (HA-leh)
    ¡Tire!
    (TEE-reh)

46. Push!
    ¡Empuje!
    (ehm-POO-heh)

47. Bring me that 2x4 (...that fixture, ...that fitting, ...that duct, etc)
    Tráigame ese dos por cuatro (...ese accesorio, ...esa conexion, ...ese conducto, etc.)
    [TRAHY-gah-meh EH-seh dohs por KWAH-troh (...EH-seh ak-seh SOH-ree-oh, ...EH-sah koh-nehk-SYON, etc.)]

48. Help me unload the truck (...lift the beam, ...install the drain, etc.)
    Ayúdeme a descargar el camión (...levantar la viga, ...instalar el desagüe, etc.)
    [AH-YU-deh-meh ah dehs-car-GAR el kah-MEEOHN (...leh-vahn-TAR la VEE-gah, ...een-stah-LAR el deh-SAH-gweh)]

49. Stack the (lumber/pipe/insulation) over there.
    Apile (la madera/la tubería/el aislamiento) allá
    [ah-PEE-leh (lah mah-DEH-rah/lah too-beh-REE-ah/ehl ah-ees-lah-MYEHN-to) ah-JAH]

50. Cut it at a 45-degree angle.
 Córtelo a un ángulo de cuarenta y cinco grados.
 (KOHR-teh-loh ah oon AHN-goo-loh deh kwa-REHN-tay ee SEEN-co GRAH-dos)

51. Hold it there and nail it
 Sosténgalo allí y clávelo.
 (sohs-TEHN-gah-loh ah-GEE ee KLAH-veh-lo)

52. Hold it there while I nail.
 Sosténgalo allí mientras lo clavo.
 (sohs-TEHN-gah-loh ah-GEE MYEHN-trahs loh KLAH-vo)

53. Pick this up.
 Levante esto.
 (leh-VAHN-teh EHS-toh)

54. Turn it over... Turn it clockwise (counterclockwise)
 Voltéelo... Gírelo a la derecha (a la izquierda)
 [vohl-TEH-eh-loh... HEE-reh-loh ah la deh-REH-cha (ah la ees-KYEHR-da)]

55. Raise it a little.
 Levántelo un poco.
 (leh-VAHN-teh-loh oon POH-co)

56. Lower it a little.
 Bájelo un poco.
 (BAH-heh-loh oon POH-co)

57. That is too heavy. Don't try to lift/carry it alone.
 Eso es demasiado pesado. No intente levantarlo/llevarlo solo.
 (EH-soh ehs deh-mah-SYAH-doh peh-SAH-do. Noh een-TEHN-teh leh-vahn-TAHR-loh/jeh-VAHR-loh SOH-lo)

58. Get someone to help you.
 Pida a alguien que le ayude.
 (PEE-dah ah AHL-guee-ehn keh leh ah-YOO-deh)

59. Shovel this into the wheel barrow.
 Cargue esto en la carretilla
 (KAHR-geh EHS-toh ehn lah kah-rreh-TEE-jah)

61. Put it in the trash bin (or dump truck).
 Póngalo en la basura (o camión de volteo).
 [POHN-gah-loh ehn lah bah-SOO-rah (oh kah-MYON-deh vohl-TEH-oh)]

62. Clean these... (windows, doors, walls, etc.)
    Limpie estas... (ventanas, puertas, paredes, etc.)
    [LEEM-pyeh EHS-tahs... (vehn-TAH-nahs, PWER-tahs, pah-REH-dehs, etc.)]

63. Sweep this up.
    Barra esto.
    (BAH-rrah EHS-toh)

64. Hammer this.
    Martille esto.
    (mahr-TEE-jeh EHS-toh)

65. Where is the saw?
    ¿Dónde está la sierra?
    (DOHN-deh ehs-TAH lah SYEH-rrah)

65. Tie this... (with wire, rope).
    Amarre esto... (con alambre, soga)
    [ah-MAH-rreh EHS-toh... (cohn ah-LAHM-breh, SOH-gah)]

67. It is break time.
    Es hora de descanso.
    (ehs OH-rah deh dehs-KAHN-soh)

68. No! Don't do it like that. Please, do it this way.
    ¡No! Así no lo haga. Por favor, hagalo así.
    (NOH. Ah-SEE noh loh AH-gah. Pohr fah-VOHR. AH-gah-loh ah-SEE)

69. Use (the pick, the shovel, the hammer) like this.
    Use (el pico, la pala, el martillo) así.
    [OO-seh (ehl PEE-koh, lah PAH-lah, ehl mahr-TEE-joh) ah-SEE]

70. Take this to the truck, please.
    Lleve esto al camión/camioneta, por favor.
    (JEH-veh EHS-toh ahl kah-MYON/kah-myo-NEH-tah, pohr fah-VOHR)

71. Don't drop it, it's very fragil.
    No lo deje caer, es muy frágil.
    (noh loh DEH-heh kah-EHR, ehs MOOY FRAH-heel)

72. Watch your step.
    Cuidado al pisar.
    (kwee-DAH-doh ahl pee-SAHR)

The numbers
Los números

0	zero	cero
1	one	uno (una)
2	two	dos
3	three	tres
4	four	cuatro
5	five	cinco
6	six	seis
7	seven	siete
8	eight	ocho
9	nine	nueve
10	ten	diez
11	eleven	once
12	twelve	doce
13	thirteen	trece
14	fourteen	catorce
15	fifteen	quince
16	sixteen	dieciséis
17	seventeen	diecisiete
18	eighteen	dieciocho
19	nineteen	diecinueve
20	twenty	veinte
21	twenty-one	veintiuno
22	twenty-two	veintidós
30	thirty	treinta
31	thirty-one	treinta y uno
40	forty	cuarenta

50	fifty	cincuenta
60	sixty	sesenta
70	seventy	setenta
80	eighty	ochenta
90	ninety	noventa
100	one hundred	cien
101	one hundred and one	ciento uno
200	two hundred	doscientos
300	three hundred	trescientos
400	four hundred	cuatrocientos
500	five hundred	quinientos
600	six hundred	seiscientos
700	seven hundred	setecientos
800	eight hundred	ochocientos
900	nine hundred	novecientos
1,000	one thousand	mil
2,000	two thousand	dos mil
1,000,000	one million	un millón
2,000,000	two million	dos millones

The months of the year
Los meses del año

January	enero
February	febrero
March	marzo
April	abril
May	mayo
June	junio
July	julio
August	agosto
September	septiembre
October	octubre
November	noviembre
December	diciembre

The days of the week
Los días de la semana

Monday	lunes
Tuesday	martes
Wednesday	miércoles
Thursday	jueves
Friday	viernes
Saturday	sábado
Sunday	domingo

Constructionary

UNIT CONVERSION TABLES
SI SYMBOLS AND PREFIXES

BASE UNITS		
Quantity	Unit	Symbol
Length	Meter	m
Mass	Kilogram	kg
Time	Second	s
Electric current	Ampere	A
Thermodynamic temperature	Kelvin	K
Amount of substance	Mole	mol
Luminous intensity	Candela	cd

SI SUPPLEMENTARY UNITS		
Quantity	Unit	Symbol
Plane angle	Radian	rad
Solid angle	Steradian	sr

SI PREFIXES		
Multiplication Factor	Prefix	Symbol
$1\ 000\ 000\ 000\ 000\ 000\ 000 = 10^{18}$	exa	E
$1\ 000\ 000\ 000\ 000\ 000 = 10^{15}$	peta	P
$1\ 000\ 000\ 000\ 000 = 10^{12}$	tera	T
$1\ 000\ 000\ 000 = 10^{9}$	giga	G
$1\ 000\ 000 = 10^{6}$	mega	M
$1\ 000 = 10^{3}$	kilo	k
$100 = 10^{2}$	hecto	h
$10 = 10^{1}$	deka	da
$0.1 = 10^{-1}$	deci	d
$0.01 = 10^{-2}$	centi	c
$0.001 = 10^{-3}$	milli	m
$0.000\ 001 = 10^{-6}$	micro	μ
$0.000\ 000\ 001 = 10^{-9}$	nano	n
$0.000\ 000\ 000\ 001 = 10^{-12}$	pico	p
$0.000\ 000\ 000\ 000\ 001 = 10^{-15}$	femto	f
$0.000\ 000\ 000\ 000\ 000\ 001 = 10^{-18}$	atto	a

SI DERIVED UNIT WITH SPECIAL NAMES

Quantity	Unit	Symbol	Formula
Frequency (of a periodic phenomenon)	hertz	Hz	1/s
Force	newton	N	kg·m/s^2
Pressure, stress	pascal	Pa	N/m^2
Energy, work, quantity of heat	joule	J	N·m
Power, radiant flux	watt	W	J/s
Quantity of electricity, electric charge	coulomb	C	A·s
Electric potential, potential difference, electromotive force	volt	V	W/A
Capacitance	farad	F	C/V
Electric resistance	ohm	Ω	V/A
Conductance	siemens	S	A/V
Magnetic flux	weber	Wb	V·s
Magnetic flux density	tesla	T	Wb/m^2
Inductance	henry	H	Wb/A
Luminous flux	lumen	lm	cd·sr
Illuminance	lux	lx	lm/m^2
Activity (of radionuclides)	becquerel	Bq	1/s
Absorbed dose	gray	Gy	J/kg

CONVERSION FACTORS

To convert	to	multiply by
LENGTH		
1 mile (U.S. statute)	km	1.609 344
1 yd	m	0.9144
1 ft	m	0.3048
	mm	304.8
1 in	mm	25.4
AREA		
1 mile^2 (U.S. statute)	km^2	2.589 998
1 acre (U.S. survey)	ha	0.404 6873
	m^2	4046.873
1 yd^2	m^2	0.836 1274
1 ft^2	m^2	0.092 903 04
1 in^2	mm^2	645.16
VOLUME, MODULUS OF SECTION		
1 acre ft	m^3	1233.489
1 yd^3	m^3	0.764 5549
100 board ft	m^3	0.235 9737
1 ft^3	m^3	0.028 316 85
	L(dm^3)	28.3168
1 in^3	mm^3	16 387.06
	mL (cm^3)	16.3871
1 barrel (42 U.S. gallons)	m^3	0.158 9873
(FLUID) CAPACITY		
1 gal (U.S. liquid)*	L**	3.785 412
1 qt (U.S. liquid)	mL	946.3529
1 pt (U.S. liquid)	mL	473.1765
1 fl oz (U.S.)	mL	29.5735
1 gal (U.S. liquid)	m^3	0.003 785 412
*1 gallon (UK) approx. 1.2 gal (U.S.)	**1 liter approx. 0.001 cubic meter	
SECOND MOMENT OF AREA		
1 in^4	mm^4	416 231 4
	m^4	416 231 4 $\times$ 10^{-7}
PLANE ANGLE		
1° (degree)	rad	0.017 453 29
	mrad	17.453 29
1' (minute)	urad	290.8882
1" (second)	urad	4.848 137

Tables — Constructionary

VELOCITY, SPEED		
1 ft/s	m/s	0.3048
1 mile/h	km/h	1.609 344
	m/s	0.447 04
VOLUME RATE OF FLOW		
1 ft^3/s	m^3/s	0.028 316 85
1 ft^3/min	L/s	0.471 9474
1 gal/min	L/s	0.063 0902
1 gal/min	m^3/min	0.0038
1 gal/h	mL/s	1.051 50
1 million gal/d	L/s	43.8126
1 acre ft/s	m^3/s	1233.49
TEMPERATURE INTERVAL		
1°F	°C or K	0.555 556 $^5/_9$°C = $^5/_9$K
EQUIVALENT TEMPERATURE ($t_{°C} = T_K - 273.15$)		
$t_{°F}$	$t_{°C}$	$t_{°F} = ^9/_5 t_{°C} + 32$
MASS		
1 ton (short ***)	metric ton	0.907 185
	kg	907.1847
1 lb	kg	0.453 5924
1 oz	g	28.349 52
***1 long ton (2,240 lb)	kg	1016.047
MASS PER UNIT AREA		
1 lb/ft^2	kg/m^2	4.882 428
1 oz/yd^2	g/m^2	33.905 75
1 oz/ft^2	g/m^2	305.1517
DENSITY (MASS PER UNIT VOLUME)		
1 lb/ft^3	kg/m^3	16.01846
1 lb/yd^3	kg/m^3	0.593 2764
1 ton/yd^3	t/m^3	1.186 553
FORCE		
1 tonf (ton-force)	kN	8.896 44
1 kip (1,000 lbf)	kN	4.448 22
1 lbf (pound-force)	N	4.448 22
MOMENT OF FORCE, TORQUE		
1 lbf·ft	N·m	1.355 818
1 lbf·in	N·m	0.112 9848
1 tonf·ft	kN·m	2.711 64
1 kip·ft	kN·m	1.355 82

FORCE PER UNIT LENGTH		
1 lbf/ft	N/m	14.5939
1 tonf/ft	kN/m	29.1878
1 lbf/in	N/m	175.1268
PRESSURE, STRESS, MODULUS OF ELASTICITY (FORCE PER UNIT AREA) $(1\ Pa = 1\ N/m^2)$		
1 tonf/in^2	MPa	13.7895
1 tonf/ft^2	kPa	95.7605
1 kip/in^2	MPa	6.894 757
1 lbf/in^2	kPa	6.894 757
1 lbf/ft^2	Pa	47.8803
Atmosphere	kPa	101.3250
1 inch mercury	kPa	3.376 85
1 foot (water column at 32°F)	kPa	2.988 98
WORK, ENERGY, HEAT (1J = 1N·m = 1W·s)		
1 kWh (550 ft·lbf/s)	MJ	3.6
1 Btu (Int. Table)	kJ	1.055 056
	J	1055.056
1 ft·lbf	J	1.355 818
COEFFICIENT OF HEAT TRANSFER		
1 Btu/(ft^2·h·°F)	W/(m^2·K)	5.678 263
THERMAL CONDUCTIVITY		
1 Btu/(ft·h·°F)	W/(m·K)	1.730 735
ILLUMINANCE		
1 lm/ft^2 (footcandle)	lx (lux)	10.763 91
LUMINANCE		
1 cd/ft^2	cd/m^2	10.7639
1 foot lambert	cd/m^2	3.426 259
1 lambert	kcd/m^2	3.183 099

Constructionary

Código Uniforme de la Edificación 1997, Volúmen Uno (1997 Uniform Building Code, Volume 1, Spanish Edition)

The *Uniform Building Code*™ (UBC) is the most widely adopted model building code in the world, proven to meet the needs of government units charged with the enforcement of building regulation. The UBC provides complete regulations covering all major aspects of building design and construction relating to fire- and life-safety and structural safety. The requirements reflect the latest technological advances available in the building and fire- and life-safety industries.

Volume 1 contains the administrative, fire- and life-safety, and field inspection provisions, including all nonstructural provisions and those structural provisions necessary for field inspections.

Price: $63.70

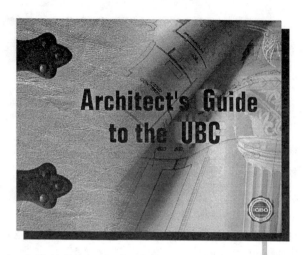

Architect's Guide to the UBC

This easy-to-read commentary covers the fundamental concepts necessary for efficient and effective use of the nonstructural provisions in the 1997 *Uniform Building Code* (UBC). It explores the plan review and inspection process, code administration, fire and life safety, and means of egress requirements, as well as the provisions addressing fire protection systems, fire-resistive construction, and building classification. Includes hundreds of illustrations.

Price: $54.00

Architect's Guide to the UBC
Architect's Guide to the UBC
Architect's Guide to the UBC
Architect's Guide to the UBC

NO POSTAGE
NECESSARY
IF MAILED
IN THE
UNITED STATES

BUSINESS REPLY MAIL
FIRST CLASS MAIL PERMIT NO. 271 CARLSBAD, CA

POSTAGE WILL BE PAID BY ADDRESSEE

Craftsman Book Company
6058 Corte del Cedro
P.O. Box 6500
Carlsbad, CA 92018-9974

Craftsman Book Company
6058 Corte del Cedro
P.O. Box 6500
Carlsbad, CA 92018

☎ 24 hour order line
1-800-829-8123
Fax (760) 438-0398

Name _____

Company _____

Address _____

City/State/Zip _____

O This is a residence

Total enclosed _____ (In California add 7.25% tax)

We pay shipping when your check covers your order in full.

In A Hurry?

We accept phone orders charged to your
O Visa, O MasterCard, O Discover or O American Express

Card# _____

Exp. date _____ Initials _____

Tax Deductible: Treasury regulations make these references tax deductible when used in your work. Save the canceled check or charge card statement as your receipt.

10-Day Money Back Guarantee

O 63.70   UBC Vol.1, Spanish Edition

O 54.00   Architect's Guide to the UBC

Prices subject to change without notice.

Order online http://www.craftsman-book.com

Get Your First Code Free With ICBO Membership

Become a Member and Enjoy a Variety of Rewards:

- A complimentary International or Uniform Code of your choice
- 10–15% discounts on products
- Generous discounts on seminars
- Networking opportunites
- Free subscription to *Building Standards*™ magazine
- Membership card and certificate
- Early notification of seminars, new products and code activity
- Professional Membership starts as low as $90

Join Now!

Call (800) 284-4406, ext. 3301 or 3409

Mon–Fri

8 a.m.–5 p.m. PST.

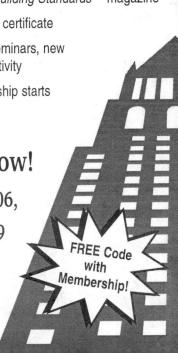

Further Your Professional Development

Show Others Your Knowledge!

ICBO Voluntary Certification Program offers high level credentials that attest to your professional knowledge of codes and standards.

ICBO Voluntary Certification Program is the oldest—since 1973, the largest—with more than 200,000 professional participants, and the most prestigious professional certification program in the United States. The program is recognized nationwide, offering more than 35 categories of certification for the building industry professional. Some of these certification categories are:

- Building Inspector
- Building Plans Examiner
- Certified Building Official
- Combination Dwelling Inspector
- Combination Inspector
- Light Commercial Combination Inspector
- Permit Technician
- Prestressed Concrete Special Inspector
- Property Maintenance & Housing Inspector
- Reinforced Concrete Special Inspector
- Spray-applied Fireproofing Special Inspector
- Structural Masonry Special Inspector
- Structural Steel and Welding Special Inspector

For a full description of these and other certification programs, or test dates and locations near you, call (800) 423-6587, x3419 or visit our website at www.icbo.org.

PRESIÓN, ESFUERZO, MÓDULO DE ELASTICIDAD (FUERZA POR UNIDAD DE ÁREA) (1 Pa = 1 N/m^2)		
1 tonf/in^2	MPa	13.7895
1 tonf/ft^2	kPa	95.7605
1 kip/in^2	MPa	6.894 757
1 lbf/in^2	kPa	6.894 757
1 lbf/ft^2	Pa	47.8803
Atmósfera	kPa	101.3250
1 pulgada de mercurio	kPa	3.376 85
1 pie (columna de agua a 32°F)	kPa	2.988 98
TRABAJO, ENERGÍA, CALOR (1J = 1N·m = 1W·s)		
1 kWh (550 ft·lbf/s)	MJ	3.6
1 Btu (Tabla int.)	kJ	1.055 056
	J	1055.056
1 ft·lbf	J	1.355 818
COEFICIENTE DE TRANSFERENCIA DE CALOR		
1 Btu/(ft^2·h·°F)	W/(m^2·K)	5.678 263
CONDUCTIVIDAD TÉRMICA		
1 Btu/(ft·h·°F)	W/(m·K)	1.730 735
ILUMINANCIA		
1 lm/ft^2 (pie candela)	lx (lux)	10.763 91
LUMINANCIA		
1 cd/ft^2	cd/m^2	10.7639
1 pie lambert	cd/m^2	3.426 259

Tablas — Construccionario

TASA DE VOLUMEN DEL FLUJO		
1 ft^3/s	m^3/s	0.028 316 85
1 ft^3/min	L/s	0.471 9474
1 gal/min	L/s	0.063 0902
1 gal/min	m^3/min	0.0038
1 gal/h	mL/s	1.051 50
1 millón gal/d = 1 million gal/d	L/s	43.8126
1 acre ft/s	m^3/s	1233.49
INTERVALO DE TEMPERATURA		
1 °F	°C o K	0.555 556 5/9 °C = $^5/_9$K
TEMPERATURA EQUIVALENTE ($t_{°C} = T_K - 273.15$)		
$t_{°F}$	$t_{°C}$	$t_{°F} = ^5/_9 t_{°C} + 32$
MASA		
1 tonelada (corta ***) = 1 ton	tonelada métrica	0.907 185
	kg	907.1847
1 libra = 1 lb	kg	0.453 5924
1 onza = 1 oz	g	28.349 52
***1 tonelada larga (2,240 lb)	Kg	1016.047
MASA POR UNIDAD DE ÁREA		
1 lb/ft^2	Kg/m^2	4.882 428
1 oz/yd^2	g/m^2	33.905 75
1 oz/ft^2	g/m^2	305.1517
DENSIDAD (MASA POR UNIDAD DE VOLUMEN)		
1 lb/ft^3	Kg/m^3	16.01846
1 lb/yd^3	Kg/m^3	0.593 2764
1 ton/yd^3	t/m^3	1.186 553
FUERZA		
1 tonf (tonelada-fuerza)	KN	8.896 44
1 kip (1,000 lbf)	Kn	4.448 22
1 lbf (libra–fuerza)	N	4.448 22
MOMENTO DE FUERZA, TORSIÓN		
1 lbf·ft	N·m	1.355 818
1 lbf·in	N·m	0.112 9848
1 tonf·ft	kN·m	2.711 64
1 kip·ft	kN·m	1.355 82
FUERZA POR UNIDAD DE LONGITUD		
1 lbf/ft	N/m	14.5939
1 lbf/in	N/m	175.1268
1 tonf/ft	kN/m	29.1878

FACTORES DE CONVERSIÓN

Para convertir	a	Multiplicar por
LONGITUD		
1 milla (normativa de E.U.)	Km	1.609 344
1 yarda = 1 yd	M	0.9144
1 pie = 1 ft	M	0.3048
	Mm	304.8
1 pulgada = 1 in	Mm	25.4
ÁREA		
1 milla^2 (normativa de E.U.)	Km^2	2.589 998
1 acre (agrimensura de E.U.)	Ha	0.404 6873
	m^2	4046.873
1 yd^2	m^2	0.836 1274
1 ft^2	m^2	0.092 903 04
1 in^2	mm^2	645.16
VOLUMEN, MÓDULO DE SECCIÓN		
l acre ft	m^3	1233.489
1 yd^3	m^3	0.764 5549
100 tablón ft	m^3	0.235 9737
1 ft^3	m^3	0.028 316 85
	L(dm^3)	28.3168
1 in^3	mm^3	16 387.06
	mL (cm^3)	16.3871
1 barril (42 galones de E.U.)	m^3	0.158 9873
CAPACIDAD (FLUIDO)		
1 galón (líquido E.U.)* 1 gal	L**	3.785 412
1 cuarto (líquido E. U.) = 1 qt	mL	946.3529
1 pinta (líquido E. U.) = 1 pt	mL	473.1765
1 onza fluida (E.U.) = 1 fl oz	mL	29.5735
1 gal (líquido E.U.)	m^3	0.003 785 412
*1 galón (Reino Unido) aprox. 1.2 gal (E.U.)	**1 litro aprox. 0.001 metro cúbico	
SEGUNDO MOMENTO DEL ÁREA		
1 in^4	mm^4	416 231 4
	m^4	416 231 4 10^{-7}
ÁNGULO PLANO		
1° (grado)	rad	0.017 453 29
	mrad	17.453 29
1' (minuto)	urad	290.8882
1" (segundo)	urad	4.848 137
VELOCIDAD		
1 ft/s	m/s	0.3048
1 milla/h	km/h	1.609 344
	m/s	0.447 04

| UNIDAD SI DERIVADA CON NOMBRES ESPECIALES ||||
Cantidad	Unidad	Símbolo	Fórmula
Frecuencia (de un fenómeno periódico)	hertz	Hz	1/s
Fuerza	newton	N	kg·m/s^2
Presión, esfuerzo	pascal	Pa	N/m^2
Energía, trabajo, cantidad de calor	joule	J	N·m
Potencia eléctrica, flujo radiante	vatio	W	J/s
Cantidad de electricidad, carga eléctrica	culombio	C	A·s
Potencia eléctrica, diferencia de potencial, fuerza electromotriz	voltio	V	W/A
Capacidad eléctrica	faradio	F	C/V
Resistencia eléctrica	ohm	Ω	V/A
Conductancia	siemens	S	A/V
Flujo magnético	weber	Wb	V·s
Densidad del flujo magnético	tesla	T	Wb/m^2
Inductancia	henrio	H	Wb/A
Flujo luminoso	Lumen	lm	cd·sr
Iluminancia	lux	lx	lm/m^2
Actividad (de radionúclidos)	becquerel	Bq	1/s
Dosis absorbida	gray	Gy	J/kg

TABLAS DE CONVERSIÓN POR UNIDADES SÍMBOLOS Y PREFIJOS EN UNIDADES *SI* (SISTEMA INTERNACIONAL)

UNIDADES DE BASE		
Cantidad	Unidad	Símbolo
Longitud	Metro	m
Masa	Kilogramo	kg
Tiempo	Segundo	s
Corriente eléctrica	Amperios	A
Temperatura termodinámica	Kelvin	K
Cantidad de sustancia	Mol	mol
Intensidad luminosa	Candela	cd

UNIDADES SI SUPLEMENTARIAS		
Cantidad	Unidad	Símbolo
Ángulo plano	Radián	rad
Ángulo sólido	Estereorradián	sr

PREFIJOS SI		
Factor de multiplicación	Prefijo	Símbolo
$1\,000\,000\,000\,000\,000\,000 = 10^{18}$	exa	E
$1\,000\,000\,000\,000\,000 = 10^{15}$	peta	P
$1\,000\,000\,000\,000 = 10^{12}$	tera	T
$1\,000\,000\,000 = 10^{9}$	giga	G
$1\,000\,000 = 10^{6}$	mega	M
$1\,000 = 10^{3}$	kilo	k
$100 = 10^{2}$	hecto	h
$10 = 10^{1}$	deca	da
$0.1 = 10^{-1}$	deci	d
$0.01 = 10^{-2}$	centi	c
$0.001 = 10^{-3}$	mili	m
$0.000\,001 = 10^{-6}$	micro	µ
$0.000\,000\,001 = 10^{-9}$	nano	n
$0.000\,000\,000\,001 = 10^{-12}$	pico	p
$0.000\,000\,000\,000\,001 = 10^{-15}$	femto	f
$0.000\,000\,000\,000\,000\,001 = 10^{-18}$	ato	a

Construccionario

Los meses del año
The months of the year

enero	January
febrero	February
marzo	March
abril	April
mayo	May
junio	June
julio	July
agosto	August
septiembre	September
octubre	October
noviembre	November
diciembre	December

Los días de la semana
The days of the week

lunes	Monday
martes	Tuesday
miércoles	Wednesday
jueves	Thursday
viernes	Friday
sábado	Saturday
domingo	Sunday

50	cincuenta	fifty
60	sesenta	sixty
70	setenta	seventy
80	ochenta	eighty
90	noventa	ninety
100	cien	one hundred
101	ciento uno	one hundred and one
200	doscientos	two hundred
300	trescientos	three hundred
400	cuatrocientos	four hundred
500	quinientos	five hundred
600	seiscientos	six hundred
700	setecientos	seven hundred
800	ochocientos	eight hundred
900	novecientos	nine hundred
1,000	mil	one thousand
2,000	dos mil	two thousand
1,000,000	un millón	one million
2,000,000	dos millones	two million

Los números
The numbers

0	cero	zero
1	uno (una)	one
2	dos	two
3	tres	three
4	cuatro	four
5	cinco	five
6	seis	six
7	siete	seven
8	ocho	eight
9	nueve	nine
10	diez	ten
11	once	eleven
12	doce	twelve
13	trece	thirteen
14	catorce	fourteen
15	quince	fifteen
16	dieciséis	sixteen
17	diecisiete	seventeen
18	dieciocho	eighteen
19	diecinueve	nineteen
20	veinte	twenty
21	veintiuno	twenty–one
22	veintidós	twenty–two
30	treinta	thirty
31	treinta y uno	thirty–one
40	cuarenta	forty

11. Estudio mi *Construccionario* todos los días para aprender inglés.
    I study my *Constructionary* every day to learn English.
    (ai stadi mai constracshonery evry dei tu lern inglesh)

12. ¿Cuanto paga este trabajo?
    How much does this job pay?
    (jau mach das des dyob pey)

13. ¿Puedo trabajar más horas?
    Can I work more hours?
    (can ai work mor auers)

14. Ya terminé con eso. ¿Qué quiere que haga ahora?
    I finished that. What do you want me to do now?
    (ai feneshd dat. Juat du iu uant mi tu du nau)

15. ¡Ojo!/¡Aguas!
    Look out!
    (luk aut)

16. ¡Agáchese!
    Duck!
    (dak)

17. Ayúdeme a (levantar, llevar, clavar, amontonar, etc.) esto.
    Help me (lift, carry, nail, load, stack, etc.) this
    [jelp mi (left kerri, neil, loud, stack, etc.) thes]

18. Permítame ayudarle con eso.
    Let me help you with that.
    (let mi jelp iu with dat)

19. ¿Dónde...? ¿Dónde está...? ¿Dónde están...?
    Where...? Where is...? Where are...?
    (juer...? juer es...? juer ar...?)

Frases útiles

1. Busco trabajo.
   I am looking for work.
   (ai em luking for wark)

2. Tengo experiencia como carpintero (plomero, electricista, jornalero, albañil, etc.).
   I have experience as a carpenter (plumber, electrician, laborer, bricklayer, etc.).
   [ai jav experiens as ei carpenter (plamer, electrishan leibor·r, brek-lei·r)]

3. Soy buen trabajador. No soy torpe.
   I am a good worker. I am not clumsy.
   (ai em ei gud wark·r ai em not clamsy)

4. Tengo mi tarjeta verde.
   I have my green card.
   (ai jav mai grin card)

5. Soy socio (miembro) del sindicato (la unión) — aquí esta mi credencial.
   I am a member of the union — here is my membership card.
   (ai em a member av da iunion–jir es mai membershep card)

6. Tengo mis propias herramientas.
   I have my own tools.
   (ai jav mai oun tuls)

7. He trabajado por varios años en los Estados Unidos (México, Guatemala, etc.).
   I have worked for years in the U.S. (Mexico, Guatemala, etc).
   (ai jav workt for yirs in da IU–ES)

8. Tengo transportación (carro, camioneta, etc.).
   I have transportation (a car, a pick-up, etc.).
   [ai jav transporteishwn (ei car, ei pikap)]

9. Puedo trabajar todos los dias.
   I can work every day.
   (ai can wark evry dei)

10. Haré muy buen trabajo para usted.
    I will do a very good work for you.
    (ai uil du ei very gud work for iu)

herramientas	**Construccionario**

Sierra fija
Table saw
(teib·l sah)
Radial saw
(reidial sah)

Sierra para metales
Hacksaw
(jak sah)

Sierra para cortar
Cut-off saw
(kat-af sah)

Sopapa
Plunger
(plandyer)

Sopladora
Blower
(blouer)

Soplete
Soldering torch
(sadering torch)

Taladro
Drill
(drel)

Taladro de mano
Brace and bit
(breis and bet)

Taladro eléctrico
Electric drill
(eléctrec drel)

Tijeras para metal
Sheet metal shears
(shiyt metal shirs)

Torno/tornillo de banco
Vice bench
(vais bench)

Trazador de metal
Metal scribe
(metal scraib)

Zapa
Hoe
(jou)

Zapapico
Pick-axe
(peck-ax)

Construccionario	herramientas
Serrucho	**Saw** *(sah)*
Serrucho de mano	**Handsaw** *(jand-sah)*
Serrucho guillotina	**Radial arm saw** *(reidial arm sah)*
Sierra	**Saw** *(sah)*
Sierra alternativa/ reciprocante	**Reciprocating saw** *(receprokeiting sah)*
Sierra circular de mesa	**Table saw** *(teib·l sah)*
Sierra circular de mano	**Circular saw** *(sercular sah)*
Sierra circular con tornillo sinfin	**Worm drive circular saw** *(warm draiv sercular sah)*
Sierra de cadena	**Chain saw** *(chein sah)*
Sierra de corte angular	**Compound mitre saw** *(campaund mitre sah)*
Sierra de disco	**Circular saw blade** *(sercular sah bleid)*
Sierra de ingletes compuesta	**Compound mitre saw** *(campaund mitre sah)*
Sierra de madera	**Cut-off saw** *(kat-af sah)*
Sierra de retroceso para ingletes	**Mitre saw** *(mitre sah)*
Sierra de vaivén	**Jigsaw** *(dyeg-sah)*
Sierra eléctrica	**Electric saw** *(ilektrek sah)*
	Power saw *(pauer sah)*

herramientas	**Construccionario**

Paleta de albañil	**Mason's trowel** *(méisons tróuel)*
Paleta de relleno	**Joint filler trowel** *(dyoint féler tróuel)*
Pico	**Pick** *(pek)*
Pincel	**Brush** *(brash)*
Pinzas	**Pliers** *(plaiers)*
Pinzas de canto de panel	**Panel edge clips** *(pán·l edsh cleps)*
Pinzas perras	**Vise grip pliers** *(vais grep plaiers)*
Plomada	**Plumb bob** *(plam bab)*
Plana	**Darby** *(darbi)*
Prensa	**Clamp** *(clamp)*
Prensa en C	**C-Press** *(si-pres)* **C-Clamp** *(si-clamp)*
Punzones	**Punches** *(panches)*
Rastrillo	**Batten** *(bat·n)* **Rake** *(reik)*
Regla T	**T-square** *(ti skuér)*
Retroexcavadora	**Back hoe** *(bak jou)*
Revolvedora	**Mixer** *(mekser)*
Secadora	**Dryer** *(draier)*
Segueta	**Hacksaw** *(jak sah)*

Construccionario — herramientas

Español	English (pronunciación)
Llave inglesa	**Plumber's wrench** *(plamers rench)*
Llave pico de ganso	**Basin wrench** *(beis·n rench)*
Lijadora	**Sander** *(sander)*
Lima	**File** *(fai·l)*
Mandil de carpintero	**Carpenter's apron** *(karpenters eipron)*
Manguera	**Hose** *(jous)*
Marro	**Sledgehammer** *(sledsh-jámer)*
Martillo	**Hammer** *(jámer)*
Martillo de bola	**Ball-peen hammer** *(bal piyn jámer)*
Martillo chivo	**Claw hammer** *(klah jámer)*
Martillo para tejamanil	**Shingling hammer** *(shing·l jámer)*
Máscara	**Mask** *(mask)*
Mazo	**Sledgehammer** *(sledsh jámer)* **Mallet** *(málet)*
Mezcladora	**Mixer** *(mekser)*
Mecha	**Drill bit** *(drel bet)*
Mordaza tiradora de alambre	**Come-along** *(cam-alang)*
Navaja	**Utility knife** *(iutelety naif)*
Nivel	**Level** *(lev·l)*
Pala	**Shovel** *(shav·l)*

herramientas	Construccionario
Fresadora	**Router** *(rauter)*
Formón	**Chisel wood** *(chesel-wud)*
Gafas/lentes de seguridad	**Safety glasses** *(seifty glases)* **Goggles** *(gag·ls)*
Guantes	**Gloves** *(glavs)*
Hacha	**Axe** *(ax)*
Hilo	**Thread** *(thred)*
Hilo de plomada	**Plumb line** *(plam lain)*
Lámpara de trabajo	**Work light** *(wark lait)*
Linterna	**Flashlight** *(flash-lait)*
Llana	**Square trowel** *(skuér trou·l)*
Llave	**Wrench** *(rench)* **Key** *(ki)*
Llave de asientos de válvula	**Valve seat wrench** *(valv sit rench)*
Llave de cadena	**Chain pipe wrench** *(chein paip rench)*
Llave de correa/cincho	**Strap wrench** *(strap rench)*
Llave de tuercas	**Crescent wrench** *(créscent rench)*
Llave española/ de astrias/de dado	**Wrench** *(rench)*
Llave francesa ajustable	**Crescent wrench** *(créscent rench)*

Construcciónario	herramientas
Desarmador/Destornillador	**Screwdriver** *(scrudráiv·r)*
Desarmador plano	**Flathead** *(flat-jed)*
Desarmador de punta de cruz	**Phillips** *(feleps)*
Disco	**Circular saw blade** *(sercular sah bleid)*
Doblador de varilla	**Rebar bender** *(ríbar bender)*
Embudo	**Funnel** *(fan·l)*
Engarilla	**Wheelbarrow** *(juil-barrou)*
Engrapadora	**Stapler** *(steipler)*
Engrapadora automática	**Stapler gun** *(steipler gan)*
Escalera de mano	**Ladder** *(larer)*
Escoba	**Broom** *(brum)*
Escopio	**Chisel wood** *(chesel-wud)*
Esparavel	**Hawk** *(jak)*
Escuadra	**Square** *(skuér)* **Framing square** *(fréiming skuér)* **Carpenter's square** *(karpenters skuer)*
Escuadra de combinación	**Combination square** *(kambenéishwn skuér)*
Excavadora	**Back hoe** *(bak jou)*
Flatacho	**Darby** *(darbi)*

herramientas	Construccionario

Caja de herramientas	**Tool box** *(tul bax)*
Careta	**Mask** *(mask)* **Face shield** *(feis shild)*
Careta para soldar	**Welding mask** *(uelding mask)*
Carretilla, Carrucha	**Wheelbarrow** *(juil-barrou)*
Cepillo	**Plane** *(plein)* **Brush** *(brash)*
Cepillo automático	**Jointer** *(dyointer)*
Cepillo de mano	**Jointer plane** *(dyointer plein)*
Cincel	**Chisel** *(ches·l)*
Cinta de medir	**Measuring tape** *(meshuring teip)*
Cinta pescadora	**Fish tape** *(fesh teip)*
Clavadora automática	**Nail gun** *(neil gan)*
Contorneador	**Router** *(rauter)*
Cortacésped	**Lawnmower** *(lanmouer)*
Cortadora de césped/pasto	**Lawnmower** *(lanmouer)*
Cortapluma	**Utility knife** *(iutelety naif)*
Cubeta	**Bucket** *(baket)*
Cuchara de albañil	**Mason's trowel** *(méisons tróuel)*
Delantal	**Apron** *(eipron)*

Herramientas

Alicates	**Pliers** *(plaiers)*
Alicates de extensión/presión	**Channel lock pliers** *(chan·l lak plaiers)*
Aplanadora	**Roller** *(roler)*
Azadón	**Hoe** *(jou)*
Balde	**Bucket** *(baket)*
Barreta	**Bar** *(bar)*
Berbiquí y barrena	**Brace and bit** *(breis and bet)*
Bomba	**Pump** *(pamp)*
Botador/embutidor (de clavos)	**Nail set** *(neil set)*
Botiquín	**Medicine cabinet** *(medes·n kabenet)*
Broca	**Drill bit** *(drel bet)*
Brocha	**Brush** *(brash)*
Buriladora	**Router** *(rauter)*
Burro	**Sawhorse** *(sah-jors)*
Cadena	**Chain** *(chein)*
Caja de corte a ángulos	**Mitre box** *(mitre bax)*

Zanja	**Trench** *(trench)*
Zapata	**Footing** *(futing)*
Zapatas invertidas	**Turned-down footings** *(turn daun futing)*
Zapatilla eléctrica	**Power strip** *(pauer strep)*
Zarpa	**Footing** *(futing)*
Zócalo	**Baseboard** *(béisbord)*
Zócalos altos	**Wainscoting** *(wéinscating)*
Zona	**Occupancy** *(ákiupency)*
Zona de control de humo	**Smoke-control zone** *(Smouk-kantrol soun)*
Zona de evacuación	**Exit discharge** *(éxet deschardsh)*
Zonas de inundación	**Flood zones** *(flad souns)*
Zonas sísmicas	**Seismic zones** *(saísmik souns)*

Yarda	**Yard** *(iard)*
Yerbajos	**Weeds** *(uíds)*
Yesca	**Punk** *(pank)* **Tinder** *(tender)*
Yeso	**Gypsum** *(dyepsam)* **Plaster** *(plast·r)*
Yugo	**Yoke** *(iouk)*
Yunque	**Anvil** *(anvel)*
Yunque de banco	**Bench anvil** *(bench anvel)*
Yunque de tornillo	**Anvil vise** *(anvel vais)*
Yodo	**Iodine** *(aiodain)*

Voltaje	**Voltage** *(volteidsh)*
Volteo, Vuelco, Volcamiento	**Overturning** *(over-tiurning)*
Voltios	**Volts** *(volts)*
Vuelo	**Overhang** *(over-jang)*
Vuelos	**Nosings** *(nousings)*

Vierteaguas	**Flashing** *(flashing)*
Viga	**Girder** *(guerder)* **Joist** *(dyoist)* **Beam** *(bim)*
Viga de alma abierta	**Open-web girder** *(open-web guerder)*
Viga de alma llena	**Plate girder** *(pleit guerder)*
Viga de carga	**Load-bearing joist** *(loud bering dyoist)*
Viga de enlace	**Link beam** *(link bim)*
Viga de fundación	**Grade beam** *(greid bim)*
Viga maestra/principal	**Girder** *(guerder)* **Joist girder** *(dyoist guerder)*
Vigas de acoplamiento	**Coupling beams** *(kapling bims)*
Vigas discontinuas	**Discontinuous beams** *(descontenias bims)*
Vigueta	**Joist** *(dyoist)* **Purlin** *(perlen)*
Vigueta de piso	**Floor joist** *(flor dyoist)*
Vigueta esquinera	**End joist** *(end dyoist)*
Vitrina	**Show window** *(shou wendou)*
Vivienda	**Dwelling** *(dueling)*
Voladizo	**Overhang** *(over-jang)* **Cantilever** *(kanteliver)*

Válvula fluxómetro	**Flushometer valve** *(fláshamiter valv)*
Válvulas para grifos de mangueras	**Hose bibb valves** *(jous beb valvs)*
Vano	**Span** *(span)*
Vapor	**Steam** *(stim)*
Varilla	**Rebar** *(ríbar)*
Varillas en aro	**Ringed shanks** *(rendsh shanks)*
Ventana	**Window** *(wendou)*
Ventilador	**Fan** *(fan)*
Ventilador de extracción	**Exhaust fan** *(exast fan)*
Ventilar	**To ventilate** *(tu venteleit)* **To vent** *(tu vent)*
Vereda	**Path** *(path)* **Sidewalk** *(saidwak)*
Vestíbulo	**Vestibule** *(véstebiul)*
Vestidor	**Dressing room** *(dresing rum)*
Veta superficial	**Face grain** *(feis grein)*
Vía pública	**Public way** *(páblec wey)*
Vidriado	**Glazed** *(gleist)* **Glazing** *(gléising)*
Vidriado de seguridad	**Safety glazing** *(seifty gléising)*

Vaciado en sitio	**Cast in place** *(cast en pleis)*
Vacío	**Vacuum** *(vákium)*
Valor	**Value** *(váliu)*
Valuación	**Valuation** *(valiuéishwn)*
Válvula de alivio	**Relief valve** *(rilíf valv)*
Válvula de cierre	**Cut-off valve** *(cat-af valv)* **Shutoff valve** *(shat-af valv)*
Válvula de combinación	**Mixing valve** *(mexing valv)*
Válvula de contraflujo	**Backflow preventer** *(bakflou privénter)* **Check valve** *(check valv)*
Válvula de contrapresión	**Backwater valve** *(bakwater valv)*
Válvula de cubo	**Hub valve** *(hab valv)*
Válvula de flotador	**Ball cock** *(bal kak)*
Válvula de llave	**Key valve** *(ki valv)*
Válvula de purga	**Bleeder valve** *(blider valv)*
Válvula de remanso	**Backwater valve** *(bakwater valv)*

Umbral	**Door sill** *(dor sel)* **Threshold** *(thre-shold)*
Unidad habitacional/ Unidad de vivienda	**Dwelling unit** *(dueling yúnet)*
Unión	**Binder** *(baind·r)* **Connection** *(kanécshwn)* **Joint** *(dyoint)* **Union** *(yúnion)*
Urinal, Urinario	**Urinal** *(yúrinal)*
Uso	**Occupancy** *(ákiupency)* **Use** *(yus)*
Uso general	**Utility** *(yutélety)*
Utilidad	**Utility** *(yutélety)*
Utilizar	**To use** *(tu yus)*
Utilizar en sistema abierto	**Use, open system** *(yus, open séstem)*
Utilizar en sistema cerrado	**Use, closed system** *(yus, cloust séstem)*

Tubería principal	**Water main** *(water mein)*
Tubería vertical	**Stack** *(stack)* **Standpipe** *(stand-paip)* **Vertical pipe** *(vertical paip)*
Tubería y accesorios sin plomo	**Lead-free pipe and fittings** *(led fri paip and fetings)*
Tuberías/Cañerías de protección contra incendios	**Fire-protection piping** *(fáier-protécshwn paiping)*
Tubo	**Pipe** *(paip)* **Piping** *(paiping)*
Tubo de bajada	**Leader (pipe)** *[líder (paip)]*
Tubo bajante de aguas negras	**Soil pipe** *(soil paip)*
Tubo de descarga	**Discharge pipe** *(deschardsh paip)*
Tubo de ventilación	**Vent pipe** *(vent paip)*
Tubo de ventilación con codo doble	**Return bend vent pipe** *(return bend vent paip)*
Tubo horizontal	**Horizontal pipe** *(joresantal paip)*
Tubo vertical	**Riser pipe** *(rais·r paip)*
Tubo vertical de evacuación	**Stack** *(stack)*
Tubo vertical de ventilación	**Local vent stack** *(local vent stack)*
Tuerca	**Nut** *(nat)*

Traslapo	**Lapping** *(laping)*
Trasvasando	**Dispensing** *(despensing)*
Trasvasar	**Dispense** *(despens)*
Travesaño	**Ledger** *(ledyer)*
Travesaño superior	**Top plate** *(tap pleit)*
Traviesa	**Sleeper** *(sliyper)*
Trazar y nivelar	**Line and grade** *(lain and greid)*
Trazo	**Stroke** *(strouk)*
Tribunas	**Grandstands** *(grandstands)* **Bleachers** *(blichers)* **Stands** *(stands)*
Triturador de basura/ desperdicios	**Garbage disposal** *(garbesh disposal)*
Tubería	**Conduit** *(kanduit)* **Plumbing** *(plaming)* **Tubing** *(tiubing)* **Pipe** *(paip)* **Piping** *(paiping)*
Tubería bajante	**Stack** *(stack)*
Tubería bajanta de respiradero	**Stack vent** *(stack vent)*
Tubería de revestimiento	**Casing** *(keising)*
Tubería hidráulica	**Water pipe** *(water paip)*

Español	English	(Pronunciación)
Tornillo autoperforante	**Self-drilling screw**	*(self-dreling scru)*
Tornillo autorroscante	**Self-tapping screw**	*(self-taping scru)*
Tornillo de anclaje	**Anchor bolt**	*(énker bolt)*
Tornillo de expansión	**Expansion bolt**	*(expánshwn bolt)*
Trabado	**Blocked**	*(blakt)*
	Bonded	*(banded)*
Trabajo	**Work**	*(wark)*
Trabar	**Block**	*(blak)*
Trabas	**Blocking**	*(blaking)*
Trabazón	**Binder**	*(baind·r)*
Tragaluz	**Skylight**	*(skai-lait)*
Tramo	**Region**	*(ridsh·n)*
Trampa doméstica	**House trap**	*(jaus trap)*
Trampa hidráulica/ de artefacto	**Fixture trap**	*(fextiur trap)*
Trampa para chispas	**Spark arrester**	*(spark arrest·r)*
Transformador	**Transformer**	*(transform·r)*
Traslapar	**To overlap**	*(tu overlap)*
Traslape	**Lap splice**	*(lap splais)*
	Shiplap	*(sheplap)*
	Overlap	*(overlap)*

Timbre	**Doorbell** *(dorbel)*
Tímpano	**Spandrel** *(spandr·l)*
Tina de baño	**Bathtub** *(bath·tab)*
Tira	**Lath** *(lath)* **Strip** *(strep)* **Stripe** *(straip)*
Tirante	**Tie** *(tay)* **Link** *(link)* **Brace** *(breis)*
Tirante de diafragma	**Diaphragm strut** *(daiafram strat)*
Tiras metálicas	**Stripping** *(streping)*
Tiras de yeso	**Lath** *(lath)*
Toldo	**Awning** *(aning)* **Canopy** *(kánapy)*
Tomacorriente	**Electrical outlet** *(electrical aut-let)*
Tomacorriente para estufa/cocina	**Range power outlet** *(reindsh pauer aut-let)*
Toma de impulsión	**Fire department connection** *(fáier d·partment kanécshwn)*
Toma con traba	**Locking receptacle** *(laking receptak·l)*
Topes (de puerta)	**Stops (door frame)** *[staps (dor freim)]*
Tornillo	**Screw** *(scru)* **Bolt** *(bolt)*

Tela metálica	**Wire mesh**	*(waier mesh)*
Tendel	**Chalk line**	*(chak lain)*
Tendones	**Tendons**	*(téndans)*
Tenencia	**Occupancy**	*(ákiupency)*
Tensión	**Tension**	*(tenshwn)*
	Stress	*(stres)*
Tensores	**Tendons**	*(téndans)*
Terminación de obra	**Completion of work**	*(kamplishwn av wark)*
Terminado	**Finish**	*(fenesh)*
Terminal	**Terminal**	*(términal)*
Terminal de enlace	**Dead-end bonding jumper**	*(ded end banding dyamp·r)*
Termita	**Termite**	*(termait)*
Termotanque	**Water heater**	*(water jiter)*
Terraplén	**Earth work**	*(erth wark)*
	Embankment	*(embankment)*
Terraza cubierta	**Porch**	*(porch)*
Terreno	**Lot**	*(lat)*
Terreno de obra	**Building site**	*(belding sait)*
Terreno inestable	**Unstable ground**	*(anstéib·l graund)*
Textura	**Texture**	*(textiur)*
Tienda	**Store**	*(stor)*

Techo a aguas múltiples	**Multiple gabled roof** *(máltip·l geib·ld ruf)*
Techo a dos aguas	**Gable roof** *(geib·l ruf)*
Techo a cuatro aguas	**Hip roof** *(jep ruf)*
Techo en pendiente	**Sloped roof** *(sloupt ruf)*
Techo plano	**Flat roof** *(flat ruf)*
Técnico	**Technician** *(tekneshian)* **Technical** *(teknecal)*
Teja	**Shingle** *(shing·l)* **Roof tile** *(ruf tail)* **Tile** *(tail)*
Teja de asfalto	**Asphalt shingle** *(asfalt shing·l)*
Teja de cemento de asbestos	**Asbestos cement shingle** *(asbestos simént shing·l)*
Teja de madera	**Wood shake/shingle** *(wud sheik)*
Teja de pizarra	**Slate shingle** *(sleit shing·l)*
Tejas para bordes	**Rake tile** *(reik tail)*
Teja para cumbreras	**Ridge tile** *(redsh tail)*
Teja para limas	**Hip tile** *(jep tail)*
Tejamanil	**Roof tile** *(ruf tail)* **Shingle** *(shing·l)*
Tejas entrelazadas para techo	**Interlocking roofing tiles** *(enerláking rufing tails)*

	Dry wall *(dray wal)*
Tablero duro	**Hardboard** *(jard-bord)*
	Plywood *(plai-wud)*
Tablilla de fibrocemento	**Asbestos cement shingle** *(asbestos ciment shing·l)*
Tablón	**Plank** *(pleink)*
Tablones	**Planking** *(pleinking)*
Taller	**Shop** *(shap)*
Talud	**Slope** *(sloup)*
Tambor	**Drums** *(drams)*
Tanque	**Tank** *(teink)*
Tapa de acceso	**Access cover** *(acses kaver)*
Tapadera	**Cover** *(kaver)*
	Covering *(kavering)*
Tapajuntas	**Flashing** *(flashing)*
Tapanco	**Attic** *(atik)*
Tarima	**Pallet** *(pálet)*
	Rack *(rak)*
Tarja de cocina	**Kitchen sink** *(kétchen sink)*
Techado	**Roofing** *(rufing)*
Techado de asfalto	**Built-up roof** *(belt ap ruf)*
Techo	**Roof** *(ruf)*

T, injerto	**TEE** *(ti)*
Tabique	**Partition** *(partéshwn)*
Tabique movible	**Movable partition** *(muvab·l partéshwn)*
Tabique plegable	**Folding partition** *(folding partéshwn)*
Tabique portátil	**Portable partition** *(pórtab·l partéshwn)*
Tabla	**Board** *(bord)* **Table** *(teib·l)*
Tabla de cumbrera	**Ridge board** *(redsh bord)*
Tabla de madera	**Wood board** *(wud bord)*
Tabla de pie	**Toeboard** *(tou-bord)*
Tabla de piso	**Footboard** *(fut-bord)*
Tablero de cortacircuito	**Circuit breaker panel** *(serket breik·r pán·l)*
Tablero de fibra	**Fiberboard** *(faib·r bord)*
Tablero de largueros	**Ribbon/ledger board** *(rébon/lédyer bord)*
Tablero de madera prensada	**Plywood** *(plaiwud)*
Tablero de muro arriostrado	**Braced wall panel** *(breist wal pán·l)*
Tablero de soporte	**Backer board** *(bakerbord)*
Tablero de yeso	**Gypsum board** *(dyepsam bord)*

Suelo expansivo	**Expansive soil** *(expansef soil)*
Suite	**Suite (hotel)** *[suit (jotel)]*
Sujetadores	**Restraints** *(ristréints)*
Sumidero	**Sump** *(samp)*
Superficie exterior/interior	**Exterior/Interior surface** *(exterior/enterior sarfes)*
Superficie/Área peatonal	**Walking surface** *(waking sérfes)*
Superponer, Superposición	**Overlap** *(overlap)*
Superintendente	**Foreman** *(for-man)* **Overseer** *(oversi·r)*
Supervisor	**Supervisor** *(supervais·r)* **Inspector** *(enspéctor)*

Soldar en fuerte	**Braze**	*(breis)*
Solera	**Ledger**	*(ledyer)*
Solera doble	**Double plate**	*(dab·l pleit)*
Solera inferior	**Sill plate**	*(sel pleit)*
Someter a ensayo/ a prueba	**Test**	*(test)*
Soporte	**Support**	*(saport)*
	Backing	*(baking)*
	Shoulder	*(should·r)*
	Sill	*(sel)*
Soporte de ventana	**Window sill**	*(wendou sel)*
Soporte para forjados	**Plaster backing**	*(plast·r baking)*
Sostener, Soportar	**Support**	*(supórt)*
Sótano	**Basement**	*(béisment)*
Sótano de poca altura	**Crawl space**	*(kral speis)*
Subpiso	**Subfloor**	*(sab·flor)*
Subsolape	**Underlap**	*(anderlap)*
Substrato	**Underlayment**	*(anderléiment)*
	Substrate	*(sabstreit)*
Subterráneo	**Basement**	*(béisment)*
	Underground	*(andergraund)*

Sistema de puertas	**Door assembly** *(dor asembli)*
Sistema de rociadores	**Sprinkler system** *(sprinkler séstem)*
Sistema de rociadores automáticos	**Automatic fire sprinkler system** *(automátic fáier sprinkler séstem)*
Sistema de ventilación	**Vent system** *(vent séstem)*
Sistema doble	**Dual system** *(dual séstem)*
Sitio	**Premises** *(prémeses)* **Site** *(sait)*
Sitio de construcción	**Building site** *(belding sait)* **Jobsite** *(dyab-sait)*
Sobrecarga de nieve transportada	**Drift surcharge** *(dreft sercharsh)*
Sobrerresistencia	**Overstrength** *(over-strength)*
Sobresolapar	**To overlap** *(tu overlap)*
Sobresolape	**Overlap** *(overlap)*
Sobrestante	**Foreman** *(for-man)* **Overseer** *(oversi·r)* **Supervisor** *(supervais·r)*
Sofito	**Soffit** *(safit)*
Soldador	**Solderer** *(soderer)*
Soldadura	**Welding** *(uelding)*
Soldadura y fundente sin plomo	**Lead-free solder and flux** *(led-fri sod·r and flax)*

Sensor de humo	**Smoke detector** *(smouk ditect·r)*
Separación	**Partition** *(partéshwn)*
Separación de atmósfera	**Atmosphere separation** *(átmosfir separéishwn)*
Servicios públicos	**Utilities** *(yutéletis)* **Public services** *(páblec serveses)*
Sifón	**Trap** *(trap)*
Sillar	**Cast stone** *(kast stoun)*
Sin plomo	**Lead-free** *(led-fri)*
Sin salida	**Dead end** *(ded end)*
Sistema	**Assembly** *(asémbli)*
Sistema automático de extinción de incendios	**Automatic fire extinguishing system** *(automátic fáier exténgüishing séstem)*
Sistema de alarma contra incendios	**Fire alarm system** *(fáier alarm séstem)*
Sistema de arriostramiento horizontal	**Horizontal bracing system** *(joresantal brésing séstem)*
Sistema de columna hidrante	**Standpipe system** *(stand-paip séstem)*
Sistema de detección de humo	**Smoke-detection system** *(smouk ditécshwn séstem)*
Sistema de evacuación	**Venting system** *(venting séstem)*
Sistema de extracción de humo	**Smoke exhaust system** *(smouk exast séstem)*

Sala (de conferencias)	**Assembly/Conference room** *(asémbli/kanferens rum)*
Salida	**Egress** *(igrés)* **Exit** *(éxet)*
Salida horizontal	**Horizontal exit** *(joresantal éxet)*
Saliente	**Abutment** *(abatment)*
Salón	**Assembly room** *(asémbli rum)*
Salto de corriente	**Current draw** *(kerrent dra)*
Sanitario	**Restroom** *(restrum)* **Bathroom** *(bath-rum)* **Toilet compartment** *(toilet kampártment)* **Water closet** *(water klaset)* **Toilet** *(toilet)*
Seguridad pública	**Public safety** *(páblec seifty)*
Selladores	**Sealants** *(sílents)*
Sello de trampa hidráulica	**Trap seal** *(trap sil)*
Sensibilizador	**Sensitizer** *(sensetáis·r)*

Revoque	**Plaster** *(plast·r)* **Plastering** *(plastering)* **Stucco** *(stakko)* **Brown coat** *(braun cout)*
Revoque de yeso	**Gypsum plaster** *(dyepsam plast·r)*
Riel de guía	**Guide rail** *(gaid reil)*
Rigidez	**Stiffness** *(stefnes)*
Ripia	**Wood shingle/shake** *(wud shing·l/sheik)*
Ripio	**Gravel** *(grav·l)*
Roca	**Rock** *(rak)* **Stone** *(stoun)*
Rociador	**Sprinkler** *(sprinkler)*
Rosca de manguera	**Hose threads** *(jous threds)*
Rozamiento	**Scouring** *(scauring)*

Reticulado	**Truss** (tras)
Retiro	**Setback** (setbak)
Retrete	**Toilet** (toilet)
Retroajuste	**Retrofitting** (retrofóting)
Revestido	**Faced** (feisd)
Revestimiento	**Veneer** (venír) / **Siding** (saiding) / **Facing** (feising) / **Covering** (kavering) / **Lining** (láining)
Revestimiento de chimenea	**Chimney liner** (chemni lainer)
Revestimiento de enlucido/revoque	**Veneer plaster** (venír plast·r)
Revestimiento de tablas con traslape/solape	**Lap siding** (lap saiding)
Revestimiento de tableros	**Panel sheathing** (pán·l shiding)
Revestimiento de techo	**Roof covering** (ruf kavering)
Revestimiento vinilo	**Vinyl siding** (vain·l saiding)
Revestimientos para pisos	**Flooring** (flooring)
Revisión/Revisor de planos	**Plan review/reviewer** (plan riviu/reviuer)

Residencia	**Dwelling** *(dueling)* **Residence** *(residens)* **Mansion** *(manshwn)*
Residencia comunitaria	**Congregate residence** *(kangregueit residens)*
Residencias para estudiantes	**Dormitory** *(dormetory)*
Resistir	**To support** *(tu saport)*
Resistente a la corrosión	**Corrosion-resistant** *(karroshwn riséstent)*
Resorte	**Spring** *(spreng)*
Respaldo	**Backing** *(baking)*
Respiradero	**Vent** *(vent)*
Respiradero con codo de 180 grados	**Return bend vent pipe** *(riturn bend vent paip)*
Respiradero de bajante	**Stack vent** *(stack vent)*
Respiradero de sumidero	**Sump vent** *(samp vent)*
Respiradero en circuito	**Circuit vent** *(serket vent)*
Respiradero matriz	**Main vent** *(mein vent)*
Respiradero vertical	**Vent stack** *(vent stack)*
Resquicio	**Undercut** *(andercat)*
Resumidero	**Building drain** *(belding drein)* **Area drain** *(erea drein)*

Rellenado	**Filled** *(feld)*
Relleno	**Backfill** *(bakfel)*
Relleno sin consolidar	**Unbalanced fill** *(anbalansd fel)*
Remache	**Rivet** *(revet)*
Remanso	**Backwater** *(bakwater)*
Remate de borde	**Return lip** *(riturn lep)*
Remoción	**Removal** *(remuv·l)* **Abatement** *(abeitment)*
Remonte	**Uplift** *(ápleft)*
Remover	**Abate** *(abeit)*
Rendimiento	**Performance** *(perfórmans)*
Renunciar a un derecho	**To waive** *(tu weiv)*
Reparación, Reparo	**Repair** *(ripér)* **Overhaul** *(over-jául)*
Repello	**Plastering** *(plastering)*
Repisa	**Apron** *(éipran)* **Shelf** *(shelf)*
Repisa de ventana	**Window sill** *(wendou sel)*
Reportes	**Reports** *(riports)*
Resaltar	**Set out** *(set aut)*

Recinto de ventilación	Vent shaft	(vent shaft)
Recipiente	Vessel	(vesel)
Recojegotas	Weep screed	(wip skrid)
Recubrimiento	Cover	(kaver)
	Lining	(laining)
Reducción	Shrinkage	(shrinkedsh)
Reformatorio	Reformatory	(refórmatory)
Refuerzo	Reinforcement	(rinfórsment)
	Stiffener	(stefener)
Regadera	Showerhead	(shauer-jed)
	Shower stall	(shauer stal)
Región	Region	(ridsh·n)
Registro	Cleanout	(clin-aut)
Regleta	Reglet	(reglet)
Regulador	Damper	(damper)
	Regulator	(regiuleitor)
Reja, Rejilla	Grille	(gril)
Rejilla (pared/techo)	Register (wall/ceiling)	[redyister (wal/siling)]
Rejilla de piso	Baseboard register	(béisbord redyister)
Relación	Ratio	(reishio)
	Rate	(reit)

Rajaduras	**Cracking** *(craking)*
Ramal	**Branch** *(branch)*
Ramal lateral	**Lateral pipe** *(láteral paip)*
Ranura	**Rabbet** *(rabet)*
	Groove *(gruv)*
	Mortise *(mórtis)*
Ranurado	**Riffled** *(ref·ld)*
Rasante	**Grade (ground elevation)** *[greid (graund elevieshwn)]*
Rascacielos	**Skyscraper** *(skai-scréiper)*
Razón	**Rate** *(reit)*
	Ratio *(reishio)*
Rebajo a media madera	**Shiplap** *(sheplap)*
Recámara	**Bedroom** *(bedrum)*
Recinto	**Shaft** *(shaft)*
Recinto de ascensor	**Elevator shaft** *(eleveitor shaft)*
Recinto de escaleras	**Stairwells** *(sterwels)*
	Enclosed stairway *(enclost sterwey)*

Quebrada	**Ditch**
	(detch)
	Ravine
	(ravin)
	Gulch
	(galch)
Quebradizo	**Brittle**
	(bret·l)
Querosén, Querosín	**Kerosene**
	(kerosin)
Quicio, Quicial	**Jamb (door frame)**
	[dyamb (dor freim)]
Quiosco	**Kiosk**
	(kiosk)

Protección contra la humedad	**Dampproofing** *(damp-prufing)*
Provisional	**Temporary** *(temporéry)*
Puerta	**Door** *(dor)*
Puerta con bisagras laterales	**Side-hinged door** *(said-jendsht dor)*
Puerta/ventana deslizante/corrediza	**Sliding door/window** *(slaiding dor/wendou)*
Puerta de salida	**Exit door** *(éxet dor)*
Puerta giratoria	**Revolving door** *(rivalving dor)*
Puerta pivotante	**Swinging door** *(swinging dor)*
Puertas mecánicas	**Power doors** *(pauer dor)*
Puntal	**Strut** *(strat)*
Puntales	**Shores** *(shors)* **Shoring** *(shoring)*
Puntales de refuerzo	**Reshores** *(rishors)* **Bridging** *(bredying)*

Postes	**Poles** *(pouls)* **Posts** *(pousts)*
Pozo	**Well** *(wel)*
Pozo de agua	**Water well** *(water wel)*
Pozo de confluencia/ de entrada	**Manhole** *(man-jol)*
Pozo excavado	**Dug well** *(dag wel)*
Pozo hincado	**Driven well** *(drev·n wel)*
Pozo perforado	**Bored well** *(bor·d wel)*
Pozo taladrado	**Drilled well** *(drel·d wel)*
Presion	**Pressure** *(preshur)*
Pretil	**Parapet** *(párapet)* **Concrete (stone/brick) railing** *[kankrít (stoun/brek) reiling]*
Primer piso	**First story** *(ferst story)* **First floor** *(ferst flor)*
Principal	**Main** *(mein)*
Privado	**Private** *(práivet)*
Propiedad	**Property** *(práperti)*
Proporción	**Rate** *(reit)* **Proportion** *(propórshwn)*
Protección al público	**Public safety** *(páblec seifty)*

Planta	**Floor** *(flor)* **Story** *(story)* **Floor level** *(flor lev·l)* **Plant** *(plant)*
Planta baja	**Ground level** *(graund lev·l)*
Planta central de calefacción	**Central heating plant** *(céntral jiting plant)*
Plantillas	**Templates** *(témpleits)*
Plataforma	**Floor deck** *(flor dek)*
Plataforma de carga	**Pallet** *(palet)*
Plataforma metálica	**Metal deck** *(métal dek)*
Pleno	**Plenum** *(plén·m)*
Pliego	**Sheet** *(shiyt)*
Plomada	**Plumb bob** *(plam bab)*
Plomería	**Plumbing** *(plaming)*
Plomero	**Plumber** *(plam·r)*
Portal	**Doorway** *(dorwey)*
Portante	**Bearing** *(béring)*
Portátil	**Portable** *(portab·l)*
Pórtico	**Frame** *(fréim)*
Pórtico arriostrado	**Braced frame** *(breist fréim)*

Placa de refuerzo	**Doubler plate** *(dabler pleit)*
Placa de solera	**Sill plate** *(sel pleit)*
Placa de solera de fundación	**Foundation sill plate** *(faundéishwn sel pleit)*
Placa de unión	**Gusset plate** *(gueset pleit)*
Placa del interruptor	**Switch plate** *(swetch pleit)*
Placa plegada	**Folded plate** *(folded pleit)*
Plafón de yeso	**Gypsum board** *(dyepsam bord)*
Plan de avance de la obra	**Construction schedule (CPM)** *(kanstrakshwn skédyul)*
Plancha	**Sheet** *(shiyt)*
Plancha de blindaje	**Shield plate** *(shild pleit)*
Plancha de escurrimiento	**Flashing** *(flashing)*
Plancha de yeso	**Gypsum board** *(dyepsam bord)* **Gypsum wallboard** *(dyepsam walbord)* **Wallboard** *(walbord)*
Planchas de empalme	**Splice plates** *(splais pleits)*
Planchuela de perno	**Washer** *(washr)*
Planos	**Design drawings** *(disáin draings)* **Working drawings** *(warking draings)*
Planos de ejecución	**Shop drawings** *(shap draings)*

Pieza de refuerzo	Stiffener	(stefener)
Pieza de unión	Binder	(baind·r)
Pieza en S	Offset	(áfset)
Pila	Battery	(batery)
Pileta de cocina	Kitchen sink	(kétchen senk)
Pilotes	Piles	(pails)
Pilotes sin encamisar/sin camisa	Uncased concrete piles	(ankéist kankrit pails)
Pincel	Brush	(brash)
Pintor	Painter	(peinter)
Piscina (de natación)	Swimming pool	(sweming pul)
Piso	Floor	(flor)
	Story	(story)
Piso blando	Soft story	(saft story)
Piso cerámico	Ceramic floor	(siramek flor)
Piso enlistonado de madera	Wood strip flooring	(wud strep floring)
Piso flexible	Soft story	(saft story)
Placa	Plate	(pleit)
Placa de base	Sole plate	(soul pleit)
Placa de cartela	Gusset plate	(gueset pleit)
Placa de pared	Wall face	(wal feis)

Peligros especiales	Special hazards	*(speshal jáserds)*
Peligroso	Hazardous	*(jáserdes)*
Pendiente	Slope	*(sloup)*
	Incline	*(enclain)*
Peralte	Riser	*(rais·r)*
Perforación	Drilling	*(dreling)*
Perjuicio	Nuisance	*(niusens)*
Perlita	Perlite	*(perlait)*
Permiso (de construcción)	Permit	*(pérmet)*
Perno	Bolt	*(bolt)*
Perno de anclaje	Anchor bolt	*(éinker bolt)*
Perno de expansión	Expansion bolt	*(expánshwn bolt)*
Perno de seguridad	Lock bolt	*(lak bolt)*
Piedra	Rock	*(rak)*
	Stone	*(stoun)*
Piedra angular	Quoin	*(kuoin)*
Piedra arenisca	Sandstone	*(sandstoun)*
Piedra de sillar	Cast stone	*(kast stoun)*
Piedra moldeada	Cast stone	*(kast stoun)*
Pieza de inflexión	Offset	*(áfset)*

Parrilla	**Barbecue** *(barbekiú)*
Partidas	**Cracks** *(kracs)*
Pasador	**Pin** *(pen)* **Drift pin** *(dreft pen)* **Dowel pin** *(dauel pen)*
Pasamanos	**Handrail** *(jándreil)*
Pasillo	**Passageway** *(pásedshwey)* **Hallway** *(jálwey)* **Aisle** *(aiel)*
Paso	**Run** *(ran)*
Pasta de muro	**Joint compound** *(dyoint kampaund)* **Taping compound** *(teiping kampaund)*
Pasto	**Lawn** *(lon)*
Patín	**Flange** *(fleindsh)*
Patio externo	**Yard** *(yard)*
Patio interno	**Court** *(court)*
Pavimento	**Pavement** *(peivment)*
Pedestales	**Sills** *(sels)*
Pegamento	**Glue** *(glu)*
Peldaños	**Steps** *(steps)*
Peligro	**Hazard** *(jáserd)*

Palco de prensa	**Press box** *(pres bax)*
Pandeo	**Buckling** *(bakling)* **Crippling** *(crepling)*
Panel	**Board** *(bord)*
Panel acústico	**Acoustical tile** *(acústecal tail)*
Panel de yeso	**Gypsum board** *(dyepsam bord)* **Gypsum wallboard** *(dyepsam walbord)*
Paneles colocados	**Lay-in panels** *(ley-en pán·ls)*
Papel de brea	**Tar paper** *(tar peiper)*
Papel Kraft	**Kraft paper** *(kraft peiper)*
Parante	**Stud** *(stad)*
Parcela	**Property** *(práperti)* **Parcel** *(párcel)*
Pared	**Wall** *(wal)*
Pared exterior	**Exterior wall** *(extirior wal)*
Pared de barrotes	**Stud wall** *(stad wal)*
Paredes rajadas	**Cracked walls** *(kract wals)*

Obra	**Work** *(wark)* **Field** *(fi·ld)*
Obra de construcción	**Building site** *(belding sait)*
Oficial de códigos	**Code official** *(coud afesh·l)*
Ojal	**Grommet** *(gramet)*
Oleaje de las mareas	**Tidal surge** *(taid·l serdsh)*
Oxidantes	**Oxidizers** *(axedais·rs)*

Nivel (de terreno)	**Level** *(lev·l)* **Floor** *(flor)* **Grade** *(greid)*
Nivel de inundación	**Flood level rim** *(flad lev·l rem)*
Nivel de piso	**Floor** *(flor)*
Nivel de piso terminado	**Finished floor level** *(féneshd flor lev·l)*
Nivelación	**Grading** *(greiding)*
Nivelación de terreno	**Grading** *(greiding)*
Nocivo	**Hazardous** *(jásardes)*
No tejido	**Nonwoven** *(nan uov·n)*
Número de ocupantes	**Occupant load** *(ákiupant loud)*

Muro cortante/de corte	**Shear wall** *(shir wal)*
Muro con montantes	**Stud wall** *(stad wal)*
Muro de carga	**Bearing wall** *(bering wal)*
Muro de contención /retención	**Retaining wall** *(reteining wal)*
Muro de fundación	**Foundation wall** *(faundéishwn wal)*
Muro de parapeto	**Parapet wall** *(parapet wal)*
Muro de retención en voladizo	**Cantilever retaining wall** *(kanteliver ritéining wal)*
Muro de relleno	**Spandrel** *(spandr·l)*
Muro doble	**Wythe** *(waith)*
Muro en seco	**Dry wall** *(dray wal)*
Muro exterior	**Exterior wall** *(extírior wal)*
Muro hueco	**Cavity wall** *(káveti wal)*
Muro no portante	**Nonbearing wall** *(nanbering wal)*
Muro portante	**Bearing wall** *(béring wal)*
Muro portante con montante	**Stud bearing wall** *(stad béring wal)*
Muro subterráneo	**Below-grade wall** *(biló-greid wal)*
Muro revestido	**Faced wall** *(feist wal)*
Muro sismorresistente	**Shear wall** *(shir wal)*
Muros rajados	**Cracked walls** *(kract wals)*

Modificar	**Alter** *(alter)*
Modificación	**Alteration** *(altereishwn)*
Mojinete	**Coping** *(kouping)*
Moldura	**Molding** *(molding)* **Trim** *(trem)*
Montacargas	**Forklift** *(forkleft)* **Dumbwaiter** *(dam-weiter)*
Montaje	**Assembly** *(asembly)* **Installation** *(enstaléishwn)* **Mounting** *(maunting)*
Montante	**Stud** *(stad)* **Gable stud** *(geib·l stad)*
Montante de acero	**Steel stud** *(stil stad)*
Montaplatos	**Dumbwaiter** *(dam-weiter)*
Morsa	**Vise** *(vais)*
Mortero	**Mortar** *(mort·r)*
Mortero de cemento	**Grout** *(graut)*
Mueble de combinación	**Combination fixture** *(kambenéishwn fextiur)*
Mueble sanitario	**Plumbing appliance** *(plaming aplains)*
Muesca	**Rabbet** *(rabet)* **Chase** *(cheis)*
Muro	**Wall** *(wal)*

Mastique	**Mastic** *(mastik)*
Mastique de cal	**Lime putty** *(laim paty)*
Matafuegos	**Fire extinguisher** *(fáier exténgüisher)*
Material altamente tóxico	**Highly toxic material** *(jai·ly taxek matérial)*
Material de revestimiento	**Wainscoting** *(weinscating)*
Material para pisos	**Flooring** *(floring)*
Material peligroso	**Hazardous material** *(jaserdes matérial)*
Materiales resistentes a la corrosión	**Corrosion-resistant materials** *(karroshwn-riséstent matérial)*
Matriz	**Main** *(mein)*
Mediera	**Fence** *(fens)*
Medidor	**Meter** *(miter)*
Medios de salida	**Means of egress** *(mins av igrés)*
Memoria volátil	**Volatile memory** *(volatail mem·ry)*
Mezcla	**Mortar** *(mort·r)*
Mezcla aditiva	**Admixture** *(admextiur)*
Mezcladora	**Mixer** *(mexer)*
Miembros	**Limbs** *(lembs)* **Members** *(membr·s)*
Mingitorio	**Urinal** *(yúrinal)*
Minusválido	**Handicapped** *(jándicapt)*

Mampara de ducha	**Shower door** *(shawer dor)*
Mampostería	**Masonry** *(meisnry)*
Mampostería reforzada	**Reinforced masonry** *(ri-enforsd meisnry)*
Manchón de manguito	**Compression coupling** *(kampreshwn kapling)*
Manga	**Sleeve** *(sliv)*
Mango	**Handle** *(jand·l)*
Manguera	**Hose** *(jous)*
Manguito	**Coupling** *(kapling)* **Sleeve** *(sliv)*
Manija	**Handle** *(jand·l)*
Manipulación	**Handling** *(jandling)*
Manipular	**Handle** *(jand·l)*
Mano de obra	**Workmanship** *(warkmanshep)*
Manómetro	**Gauge/Gage (instrument)** *(geidsh)*
Mansarda	**Mansard roof** *(mansard ruf)*
Marco	**Frame** *(fréim)*
Marco de puerta	**Door frame** *(dor fréim)*
Marco de ventana	**Window frame** *(wendou fréim)*
Marquesina	**Marquee** *(marki)*
Masillado, Masillar	**Caulking** *(ka·king)*
Mástil metálico	**Metal flagpole** *(métal flag-poul)*

Machihembrado	**Tongue and groove** *(tang and gruv)*
Madera aglomerada	**Particleboard** *(pártec·l bord)*
Madera clasificada/ elaborada	**Graded lumber** *(greided lamb·r)*
Madera contrachapada	**Plywood** *(plai·wud)*
Madera de construcción	**Timber** *(temb·r)* **Lumber** *(lamb·r)*
Madera de secoya	**Redwood** *(redwud)*
Madera estacionada	**Seasoned wood** *(sisand wud)*
Madera prensada	**Plywood** *(plai·wud)*
Madera tratada	**Treated wood** *(tríted wud)*
Maderos	**Timber** *(temb·r)*
Maderos aserrados	**Sawn timber** *(sahn temb·r)*
Maderos estructurales	**Heavy timber** *(jevy temb·r)*
Malla de alambre	**Wire fabric** *(waier fabric)*
Malla de enlucir	**Lath** *(lath)*
Mampara	**Bulkhead** *(balkjed)*

Listón travesaño	**Batten** *(bat·n)*
Listón yesero	**Gypsum lath** *(dyepsam lath)*
Llave	**Faucet** *(facet)* **Spigot** *(spegat)*
Llave de alivio	**Relief valve** *(relif valv)*
Llave de contraflujo	**Check valve** *(check valv)*
Llave de flotador	**Ball cock** *(bal kak)*
Llave de flujo	**Ball valve** *(bal valv)*
Llave de mezcla	**Mixing valve** *(mexing valv)*
Llave de paso	**Gate valve** *(geit valv)*
Lobby	**Lobby** *(labi)*
Local	**Premises** *(prémeses)*
Lona	**Tarp** *(tarp)*
Losa	**Slab** *(slab)*
Loseta	**Floor tile** *(flor tail)* **Small slab** *(smal slab)*
Lote	**Lot** *(lat)* **Lift** *(left)*
Lugar de la obra/en la obra	**Site** *(sait)* **Jobsite** *(dyab-sait)*
Luz	**Span** *(span)*

Lazo	**Hoop** *(jup)*
Lechada	**Laitance** *(leit·ns)*
Lechada de cemento	**Grout** *(graut)*
Levantamiento	**Lift** *(left)*
Levantamiento (por viento)	**Uplift** *(apleft)*
Liberación	**Release** *(rilís)*
Ligadura	**Tie** *(tai)*
Lima (hoya/tesa)	**Hip** *(jep)*
Lindero	**Property line** *(práperti lain)*
Linea	**Line** *(lain)*
Línea de centro	**Center line** *(cent·r lain)*
Linea de gis/de marcar	**Chalk line** *(chak lain)*
Línea de propiedad	**Property line** *(práperti lain)*
Línea media	**Center line** *(cent·r lain)*
Líquido combustible	**Combustible liquid** *(kambástabl lékuid)*
Líquido inflamable	**Flammable liquid** *(fleim·bl lékuid)*
Listón	**Strip** *(strep)* **Lath** *(lath)*
Listón de enrasado	**Furring strip** *(farring strep)*
Listón para clavar	**Nailing strip** *(neiling strep)*

Ladera	**Incline** *(enclayn)*
Ladrillo	**Brick** *(brek)*
Ladrillo cerámico	**masonry tile** *(meisnry tail)*
Ladrillo de fuego	**Firebrick** *(fáierbrek)*
Ladrillo para frentes	**Facing brick** *(feising brek)*
Lámina, Laminado	**Sheeting** *(shiyting)* **Sheet metal** *(shiyt métal)*
Lámina de cobre	**Sheet copper** *(shiyt kaper)*
Laminadora	**Mill** *(mel)*
Lámpara	**Flashlight** *(flash-lait)*
Larguero central	**Mullion (door)** *[malion (dor)]*
Larguero	**Runner** *(raner)* **Stringer** *(stringuer)*
Latón	**Brass** *(bras)*
Lavabo	**Sink** *(senk)*
Lavadora y secadora	**Washer and Dryer** *(washr and draier)*
Lazadas	**Loop** *(lup)*

Junta de dilatación/ expansión	**Expansion joint** *(expanshwn dyoint)*
Junta horizontal	**Bed joint** *(bed dyoint)*
Junta movediza	**Slip joint** *(slep dyoint)*
Junta vertical	**Head joint** *(jed dyoint)*

Jácena	**Girder** *(guerder)*
Jácena exterior	**Spandrel** *(spandr·l)*
Jaharro	**Plaster** *(plast·r)* **Plastering** *(plastering)*
Jamba	**Jamb (door frame)** *[dyamb (dor freim)]*
Jefe de obras	**Building official** *(belding afesh·l)* **Code official** *(coud afesh·l)*
Junta	**Joint** *(dyoint)* **Union** *(yúnion)* **Overlap** *(overlap)* **Splice** *(splais)* **Gasket** *(gasket)*
Junta de aislamiento	**Isolation joint** *(aisoleishwn dyoint)*
Junta de collar	**Collar joint** *(kal·r dyoint)*
Junta de construcción	**Construction joint** *(kanstrakshwn dyoint)*
Junta de contracción	**Contraction joint** *(kantrákshwn dyoint)*
Junta de control	**Control joint** *(kantról dyoint)*

Instalación	Facility	(fasélety)
Instalación en obra negra o gruesa	Rough-in	(raf-en)
Instalaciones esenciales	Essential facilities	(isénshal faséletis)
Instalaciones hidráulicas y sanitarias	Plumbing	(plaming)
Integridad estructural	Structural integrity	(straktiural entégrety)
Intemperización	Weathering	(wedering)
Interceptor de grasas	Grease interceptor	(gris enersept·r)
Interruptor	Switch	(swetch)
Interruptor automático	Circuit breaker	(serket breik·r)
Interruptor automático bipolar	Double pole breaker	(dob·l poul breik·r)
Interruptor automático principal	Main breaker	(mein breik·r)
Interruptor automático unipolar	Single pole breaker	(sing·l poul breik·r)
Interruptor de circuito	Circuit breaker	(serket breik·r)
Interruptor fusible de seguridad a tierra	Ground fault circuit	(graund falt serket)
Interruptor de vacío	Vacuum breaker	(vákium breik·r)

Iluminación industrial	**Floodlight** *(flad-lait)*
Impermeabilización	**Waterproofing** *(waterprufing)*
Impermeables al humo	**Smoke tight** *(smouk tait)*
Imprimado	**Primed** *(praim·d)*
Imprimador	**Primer** *(praimer)*
Impulsado	**Driven** *(dréven)*
Inclinación	**Incline** *(enclayn)*
Incluir	**Encompass** *(enkampas)*
Incrustado	**Embedded** *(embeded)*
Indicador	**Gauge/Gage (instrument)** *(geidsh)*
Informes	**Reports** *(repórts)*
Ingeniero	**Engineer** *(endyenir)*
Inodoro	**Toilet** *(toilet)* **Water closet** *(water klaset)*
Inquilino	**Tenant** *(ténent)*
Inspector (de obras/ construcción)	**Inspector** *(enspéctor)*

Hormigón	Concrete *(kankrit)*
Hormigón de yeso	Gypsum concrete *(dyepsam kankrit)*
Hormigón liviano	Lightweight concrete *(lait-weit kankrit)*
Hormigón postensado	Posttensioned concrete *(postenshwnd kankrit)*
Hormigón preesforzado/ precargado/pretensado/ precomprimido/ prefatigado/	Prestressed concrete *(pristresd kankrit)*
Hormigón premezclado	Ready-mixed concrete *(redi-mixt kankrit)*
Hormigón premoldeado	Precast concrete *(prikast kankrit)*
Hormigón proyectado	Shotcrete *(shatkrit)*
Hormigón reforzado	Reinforced concrete *(ri-enforsd kankrit)*
Hormigonada	Lift *(left)*
Hormigón simple estructural	Structural plain concrete *(stráktiural plein kankrit)*
Hospedaje	Lodging house *(ládshing jaus)*
Hoyo	Hole *(joul)*
Huella	Tread *(tred)* Step *(step)*
Huésped	Guest *(guest)*
Hulla	Coal *(kol)*
Humo	Smoke *(smóuk)*

Habitación	**Bedroom** *(bedrum)* **Dwelling** *(dueling)*
Hacha	**Axe** *(ax)*
Hastial	**Gable** *(geyb·l)*
Haya	**Beech** *(bich)*
Hermético	**Tightfitting** *(tait feting)*
Herrajes antipánico/ de emergencia	**Panic hardware** *(pánec járduer)*
Herramienta	**Tool** *(tul)*
Higiene	**Sanitation** *(sanetéishwn)*
Higiene y seguridad en la construcción	**Construction Health and Safety** *(kanstrakshwn jelth and seifty)*
Hilada	**Wythe** *(uayth)*
Hilera	**Tier** *(ti·r)* **Aisle** *(aiel)*
Hogar	**Fireplace** *(fáierpleis)*
Hogar de mampostería	**Masonry fireplace** *(meisnri fáierpleis)*
Hogar prefabricado	**Factory-built fireplace** *(facteri-belt fáierpleis)* **Pre-fab fireplace** *(pri-fab fáierpleis)*
Horario	**Schedule** *(skédyul)*

Grueso	**Coarse** *(cors)*
Guardaesquinas	**Cornerite** *(korneráit)*
Guarnición	**Curb** *(kerb)*
Gunita	**Gunite** *(ganáit)* **Shotcrete** *(shatkrit)*

Gabinete	**Cabinet** *(kabenet)*
Gancho	**Hanger** *(jang·r)*
Garaje	**Garage** *(garádsh)*
Gases	**Fumes** *(fiúms)*
Generador	**Generator** *(dyenereitor)*
Gerente	**Manager** *(manedyer)*
Gotera	**Gutter** *(gater)*
Gradas, Graderías	**Bleachers** *(blíchers)* **Grandstands** *(grandstands)* **Stands** *(stands)*
Grava	**Gravel** *(grav·l)*
Grieta	**Crack** *(kracs)*
Grifo	**Spigot** *(spegat)* **Faucet** *(facet)*
Grifo de cierre automático	**Self-closing faucet** *(self-clóusing facet)*
Grifo de manguera	**Sill cock** *(sel kak)*
Grosor	**Depth** *(depth)*

Forjados	**Plastering** *(plastering)*
Formón	**Chisel wood** *(ches·l wud)*
Franja de tableros	**Panel zone** *(pán·l soun)*
Fregadero	**Sink** *(sink)*
Fregadero de cocina	**Kitchen sink** *(kétchen sink)*
Frigorífico	**Walk-in cooler** *(wak-en kuler)*
Friso	**Wainscot** *(wéinscat)*
Fuente de alimentación	**Power supply** *(pauer saplai)*
Fuerza de estiramiento	**Jacking force** *(dyaking fors)*
Función	**Occupancy** *(ákiupency)*
Fundación	**Foundation** *(faundéyshwn)*
Fundente para soldar	**Brazing flux** *(breysing flax)* **Welding flux** *(welding flax)*
Fusible	**Fuse** *(fius)*
Fusible de bayoneta	**Knife-blade cartridge fuse** *(naif-bleid kartredsh fius)*
Fusible de cartucho	**Cartridge fuse** *(kartredsh fius)*
Fusible de rosca	**Plug fuse** *(plag fius)*

Fachada	**Façade** *(fazád)* **Front (of a building)** [fr*a*nt (*a*v *a* b*e*lding)]
Falso plafón	**Suspended ceiling** *(sespénded siling)*
Fibra transversal	**Cross-grain** *(kras grein)*
Fibroso afieltrado	**Fibrous-felted** *(fáibres félted)*
Fieltro	**Felt** *(felt)*
Fijadores	**Restraints** *(ristréints)*
Fila	**Row** *(rou)*
Flanco	**Curb** *(kerb)*
Fleje	**Strap** *(strap)*
Flejes	**Strapping** *(straping)*
Flexión	**Bending** *(bending)*
Flotador	**Ball cock** *(bal kak)*
Fluorescente	**Fluorescent** *(floresent)*
Foco	**Lightbulb** *(lait-bulb)*
Foco industrial	**Floodlight** *(fl*a*d-lait)*
Fogón	**Firebox** *(fáierbax)*

Construccionario	
Etiqueta	**Tag** *(tag)*
Evacuar	**To vent** *(tu vent)*
Excavar	**Dig** *(deg)*
Excusado	**Toilet** *(tóilet)*
Expansión	**Swelling** *(suéling)* **Addition** *(adeshwn)*
Exposición a la intemperie	**Exposure** *(expóshiur)*
Extinguidor, Extintor	**Fire extinguisher** *(fáier extingüisher)*
Extracción	**Exhaust** *(exast)*
Extremidades	**Limbs** *(lembs)*
Extremos cerrados	**Dead end** *(ded end)*
Eyector de aguas negras	**Sewage ejector** *(súedsh iyect·r)*

Estante	**Pallet** *(palet)* **Rack** *(rak)*
Esterilizador	**Sterilizer** *(sterelaiser)*
Estipulación	**Provision** *(proveshwn)* **Proviso** *(provaiso)*
Estrados	**Stands** *(stands)*
Estribo para vigueta	**Joist hanger** *(dyoist jang·r)*
Estribos	**Stirrups** *(steraps)*
Estructura	**Frame** *(fréim)* **Structure** *(straktiur)* **Structural Frame** *(straktiural fréim)* **Framing** *(fréiming)*
Estructura armada	**Framed structure** *(fréimd straktiur)*
Estructura arriostrada	**Braced frame** *(breist fréim)*
Estructura de gunita/ hormigón proyectado	**Shotcrete structure** *(shatkrit strak-tiur)*
Estructura en/de acero	**Steel framing** *(stil fréiming)*
Estructura en/de madera	**Wood framing** *(wud fréiming)*
Estructura de muro/pared	**Wall frame** *(wal fréim)*
Estuco	**Stucco** *(stakko)*
Estufa	**Stove** *(stouv)* **Heater** *(jiter)*

Escalera de mano	**Ladder** *(lader)*
Escalera mecánica	**Escalator** *(escaleit·r)*
Escalera privada	**Private stairway** *(praivet sterwey)*
Escaleras circulares	**Circular stairs** *(serculer sters)*
Escaleras de caracol	**Spiral stairs** *(spair·l sters)*
Escalones	**Steps** *(steps)*
Escape	**Exhaust** *(exast)*
Escombro	**Rubble** *(rab·l)*
Escopio	**Chisel wood** *(ches·l wud)*
Escorias	**Slags** *(slags)*
Esfuerzo	**Stress** *(stres)*
Espacio angosto	**Crawl space** *(kral speis)*
Espacio habitable	**Habitable space** *(jabetab·l speis)*
Espacio vacío	**Void space** *(void speis)*
Espacios ocultos	**Concealed spaces** *(kansil·d speises)*
Espesor	**Thickness** *(theknes)*
Espiga	**Spigot** *(spegat)*
Espirales	**Spirals** *(spair·ls)*
Espuma de plástico	**Plastic foam** *(plastek foum)*
Estancamiento de agua	**Ponding** *(panding)* **Pooling** *(puling)*

Enlace	**Link** *(lenk)* **Linkage** *(lenkedsh)*
Enlucido	**Plaster** *(plast·r)* **Plastering** *(plastering)* **Stucco** *(stakko)* **Putty coat** *(paty cout)*
Enrasado	**Furred out** *(ferd aut)* **Furring** *(fering)*
Ensayo	**Test** *(test)*
Entablado	**Sheathing** *(shiything)*
Entablonado	**Planking** *(plenking)*
Entarimado de tejado	**Roof sheeting** *(ruf shiyting)*
Entrada	**Doorway** *(dorwey)*
Entramado de madera	**Wood framing** *(wud fréiming)*
Entrelazados	**Intertied** *(entertaid)*
Entrepiso	**Attic** *(atik)*
Entubado	**Casing** *(keising)*
Enyesar	**To plaster** *(tu plast·r)*
Equiviscosa	**Equiviscous** *(ekuivescas)*
Escalera	**Stairway** *(sterwey)* **Stairs** *(sters)*

Empalme de compresión	**Compression coupling** *(kampreshwn kapling)*
Empanelado	**Paneling** *(paneling)*
Empaque	**Gasket** *(gasket)*
Empaque de cera	**Wax seal** *(uax sil)*
Empotrados	**Embedded** *(embeded)*
Empotradura	**Embedment** *(embedment)*
Empotramiento	**Bedding** *(beding)*
Encerrado	**Enclosed** *(enclousd)*
Encerrar	**To enclose** *(tu enclous)*
Enchufe	**Electrical outlet** *(electrical aut-let)* **Plug** *(plag)*
Enchufe para estufa/cocina	**Range power outlet** *(reindsh pauer aut-let)*
Enclavamiento	**Interlocking** *(enerlaking)*
Encofrado	**Formwork** *(form-wark)*
Encofrados	**Forms (concrete)** *[forms (kankrit)]*
Encogimiento	**Shrinkage** *(shrinkedsh)*
Encristalado	**Glazed** *(gleis·d)* **Glazing** *(gleising)*
Enjarre	**Plaster** *(plast·r)*
Enjuta	**Spandrel** *(spandr·l)*

Ebanista	**Cabinetmaker** *(kabenet-meiker)* **Woodworker** *(wud-warker)*
Edificaciones esenciales	**Essential facilities** *(isénshal faséletis)*
Edificación, Edificio	**Building** *(belding)*
Edificaciones inseguras	**Unsafe buildings** *(anseif beldings)*
Edificación separada	**Detached building** *(ditachd belding)*
Edificio de apartamentos/ departamantos	**Apartment house** *(apartment jaus)*
Edificio de gran altura	**High rise building** *(jai rais belding)*
Electricidad	**Electricity** *(ilektrécity)*
Electricista	**Electrician** *(ilektreshwn)*
Electrodo	**Welding rod** *(uelding rad)*
Electrodoméstico	**Appliance** *(aplaians)*
Elevador	**Elevator** *(eleveitor)*
Eliminación	**Removal** *(rimuval)*
Empalme	**Junction** *(dyankshwn)* **Splice** *(splais)*

Documentación de obra/ingeniería	**Building documentation** *(belding dakiumenteishwn)*
Dormitorio	**Bedroom** *(bedrum)*
Dormitorio estudiantil	**Dormitory** *(dormetory)*
Drenaje	**Drainage** *(dreinedsh)*
Ducha	**Shower stall** *(shauer stal)*
Ducto	**Chute** *(shut)*
Ducto de basura	**Chute, rubbish** *(shut, rabesh)*
Ducto de lencería	**Chute, linen** *(shut, lainen)*
Duela de madera	**Wood shakes** *(wud sheiks)*
Durmientes	**Sleepers** *(slipers)*

Dimensionado	**Proportioned** *(proporshwn·d)*
Dimensionar	**To proportion** *(tu proporshwn)*
Dintel (de la puerta)	**Lintel** *(lentel)* **Header (door frame)** *[jeder (dor freim)]*
Director de obras	**Building official** *(belding afesh·l)* **Code official** *(coud afesh·l)*
Discapacidad	**Disability** *(desabeleti)* **Handicap** *(jandicap)*
Discapacitado	**Handicapped** *(jandicapt)*
Diseño	**Lay out** *(lei-aut)*
Diseñador	**Designer** *(disainer)*
Dispensadores de papel	**Paper dispensers** *(peiper despensers)*
Disposición	**Provision** *(proveshwn)* **Proviso** *(provaiso)*
Dispositivo	**Device** *(divais)*
Dispositivo adaptador	**Adapter fitting** *(adápter feting)*
Dispositivo autocerrante/ de cierre automático/ mecanizado/	**Self-closing device** *(self-clousing divais)* **Automatic closing device** *(automátic clousing divais)*
Dispositivo de traba	**Latching device** *(laching divais)*
División	**Partition** *(partéshwn)*

Desahogar	To vent *(tu vent)*
Descanso de ascensores o de escaleras	Landing *(landing)*
Descarga	Release *(rilís)*
Descartar	To waive *(tu weiv)*
Descongelación	Thawing *(tha·ing)*
Desempeño	Performance *(perfórmans)*
Desenganchador	Release *(rilís)*
Desenganchar	To release *(tu rilís)*
Despiece	Detailing *(diteiling)*
Desplazamiento	Offset *(afset)* Drift *(dreft)* Displacement *(despleisment)*
Destino	Occupancy *(ákiupency)*
Desviación	Offset *(afset)*
Desvío	Offset *(afset)*
Detector de humo	Smoke detector *(smouk ditect·r)*
Deterioro	Dilapidation *(dilapedeishwn)*
Determinar las dimensiones	To proportion *(tu proporshwn)*
Dibujante	Draftsman *(drafts-man)*
Dibujos	Working drawings *(warking dráings)*

Dañino	**Hazardous** *(jáserdes)*
De bucles	**Tufted** *(taft·d)*
De centro a centro	**On center** *(an cent·r)*
Declive	**Incline** *(inclayn)*
Delantal	**Apron** *(éipron)*
Densidad de humo	**Smoke density** *(smouk densety)*
Departamento/Cuerpo de bomberos	**Fire department** *(fáier d·pártment)*
Departamento de obras/ de construcción/ de edificación	**Building department** *(belding d·pártment)*
Depósito	**Storeroom** *(stor rum)* **Storage room** *(stóredsh rum)*
Desagüe	**Drain** *(drein)* **Drainage** *(dreinedsh)*
Desagüe de área/patio	**Area drain** *(erea drein)*
Desagüe de techo	**Roof drain** *(ruf drein)*
Desagüe pluvial	**Storm drain** *(storm drein)*
Desagüe (sanitario) de la edificación/del edificio	**Building drain** *(belding drein)*

Cubierta de acceso	**Access covering** *(ákses kavering)*
Cubierta de azotea/techo	**Roof covering** *(ruf kavering)* **Roof deck** *(ruf deck)*
Cubierta de hormigón/concreto	**Concrete cover** *(kankrit kaver)*
Cubierta de techo compuesta	**Built-up roofing** *(belt ap rufing)*
Cubierta de techo de asfalto	**Built-up roof covering** *(belt ap ruf kavering)*
Cubierta metálica para techos	**Metal roof covering** *(métal ruf kavering)*
Cubrejuntas	**Flashing** *(flashing)* **Batten** *(bat·n)*
Cuerpo/Departamento de bomberos	**Fire department** *(fáier d·partment)*
Cuezo	**Hod** *(jad)*
Cumbrera	**Coping** *(kouping)* **Ridge** *(redsh)* **Ridge cap** *(redsh cap)* **Ridgepole** *(redshpoul)*
Cuña	**Wedge** *(uedsh)* **Quoin** *(kuoin)*
Cuota	**Quota** *(cuota)*
Curado con humedad	**Moist curing** *(moist kiuring)*

Criterios de carga	**Loading criteria** *(louding craiteria)*
Cronograma de construcción	**Construction schedule (CPM)** *(kanstrakshwn skédyul)*
Croquis	**Lay out** *(lei-aut)*
Cuadro	**Table** *(teib·l)*
Cuadro de cortacircuito	**Circuit breaker panel** *(serket breik·r pán·l)*
Cuadro de cubierta de techo	**Roofing square** *(rufing skuér)*
Cuarto	**Room** *(rum)*
Cuarto de almacenamiento	**Storage room** *(stóredsh rum)*
Cuarto de azotea	**Penthouse** *(pent-jaus)*
Cuarto de baño	**Bathroom** *(bath·rum)*
Cuarto de calderas	**Boiler room** *(boiler rum)*
Cuarto de huéspedes	**Guest room** *(guest rum)*
Cuarto interior	**Interior room** *(enterior rum)*
Cuarto de regadera	**Shower stall** *(shauer stal)*
Cuarto intermedios	**Intervening room** *(entervining rum)*
Cubierta	**Decking** *(deking)* **Deck** *(dek)* **Casing** *(keising)* **Canopy** *(kánopy)* **Cover** *(kaver)* **Shell** *(shel)*

Contrapresión	**Backpressure** *(bakpreshur)*
Contrasifonaje	**Backsiphonage** *(baksaifonedsh)*
Contratista	**Contractor** *(kantrakt·r)*
Copla	**Coupling** *(kapling)*
Cordón	**Curb** *(kerb)*
Cornisa	**Cornice** *(córnes)*
Cornisa inclinada	**Gable rake** *(geib·l reik)*
Corona (grapas)	**Crown** *(kraun)*
Corrediza	**Sliding** *(slaiding)*
Corredor de servicio	**Service corridor** *(serves kórridor)*
Corrimiento	**Displacement** *(despleisment)*
Corrosivo	**Corrosive** *(corósev)*
Cortacircuito	**Circuit breaker** *(serket breik·r)*
Corte (de una casa)	**Section** *(sécshwn)*
Cortina	**Curtain** *(kert·n)*
Cortina antihumo	**Smoke curtain** *(smouk kert·n)*
Cortinajes	**Hangings** *(janguings)*
Costilla	**Rib** *(reb)*
Cremallera	**Rack** *(rak)* **Rail** *(reil)*
Cresta	**Ridge** *(redsh)*

Conexión	**Connection** *(kanécshwn)* **Linkage** *(lenkedsh)* **Fitting** *(feting)*
Conexión a tierra	**Ground connection** *(graund kanécshwn)*
Conexión cruzada	**Cross connection** *(kras kanécshwn)*
Conexión para bomberos	**Fire department connection** *(fáier d·partment kanécshwn)*
Construcción a dos aguas	**Gable construction** *(geib·l kanstrakshwn)*
Construcción apuntalada/ no apuntalada	**Shored/Unshored construction** *(shord/anshord kanstrakshwn)*
Constructor	**Contractor** *(kántrakt·r)*
Contaminación	**Contamination** *(kantameneishwn)*
Contención	**Containment** *(kanteinment)*
Contracción	**Shrinkage** *(shrinkedsh)*
Contrachapa de escurrimiento	**Counterflashing** *(kauner-flashing)*
Contrachapar	**Interlay** *(enterley)*
Contracorriente	**Backwater** *(bakwater)*
Contraflujo	**Backflow** *(bakflou)*
Contragrano	**Cross-grain** *(kras-grein)*
Contrahuella	**Riser** *(rais·r)*
Contrapiso	**Subfloor** *(sabflor)*

Construccionario	com-con

Spanish	English (pronunciation)
Comportamiento	**Performance** *(perfórmans)*
Compresor	**Air compresssor** *(er camprésor)*
Compuerta	**Hatch** *(jatch)*
Con clavos ocultos	**Blind nailed** *(blaind neild)*
Con clavos sumidos	**Nailing, face** *(neiling feiz)*
Concreto	**Concrete** *(kankrit)*
Condominio residencial	**Condominium** *(kandomenium)*
Conducto	**Duct** *(dakt)* **Conduit** *(kanduit)*
Conducto de humo	**Passageway (chimney)** *[pasedshwey (chemni)]*
Conducto eléctrico	**Raceway** *(reiswey)*
Conducto principal de gas	**Gas main** *(gas mein)*
Conducto portacables flexible	**Flex conduit** *(flex kanduit)*
Conductor	**Conductor** *(kandact·r)*
Conductos de humo	**Flue** *(flu)*
Conector	**Connector** *(conéct·r)*
Conector con tornillo	**Screw connector** *(scru conéct·r)*
Conector de alambre	**Wire connector** *(waier conéct·r)*
Conector de chimenea	**Chimney connector** *(chemni conéct·r)*

Cobre	**Copper** *(kaper)*
Cobre estirado en frío	**Hard drawn copper** *(hard dran kaper)*
Cobre forjado	**Wrought copper** *(rat kaper)*
Coche de ascensor	**Elevator car** *(eleveitor kar)*
Cochera	**Garage** *(garádsh)*
Cociente, Coeficiente	**Ratio** *(reishio)*
Código	**Code** *(coud)*
Código Uniforme	**Uniform Code** *(iuneform coud)*
Colada de mortero de cemento	**Grout pour** *(graut pour)*
Colar	**Pour/Cast concrete** *(pour/kast kankrit)*
Colada	**Lift** *(left)*
Colector de grasas	**Grease trap** *(gris trap)*
Colgadero	**Hanger** *(jang·r)* **Hanging** *(janguing)*
Columna	**Column** *(kálemn)*
Columna hidrante	**Standpipe** *(stand-paip)*
Combinación de cargas	**Load combination** *(loud kambeneishwn)*
Combustible	**Fuel** *(fiul)*
Combustión	**Burning** *(barning)*
Comerciable	**Marketable** *(márketab·l)*
Compensar	**To offset** *(tu afset)*

Claraboya	**Skylight** *(skailait)*
Claro	**Span** *(span)*
Claro de puerta	**Doorway** *(dorwey)*
Clasificación	**Rating** *(reiting)* **Occupancy** *(ákiupency)*
Clavado	**Spiked** *(spaikt)*
Clave	**Keystone** *(ki-stoun)*
Clavija	**Plug** *(plag)*
Clavo	**Nail** *(neil)*
Clavo afilado	**Barbed nail** *(barb·d neil)*
Clavo anular	**Annular grooved nail** *(aniuler gruv·d neil)*
Clavo con fuste corrugado	**Ring shank nail** *(ring sheink neil)*
Clavo de cabeza grande plana	**Box nail** *(bax neil)*
Clavo de cabeza perdida	**Casing nail** *(keising neil)*
Clavo largo especial para madera	**Spike** *(spaik)*
Clavo oblicuo	**Toenail** *(touneil)*
Clavo para madera	**Box nail** *(bax neil)*
Clavo sin cabeza	**Finishing nail** *(feneshing neil)*
Cloaca	**Sewer** *(súer)*
Cloruro de calcio	**Calcium chloride** *(calsium cloraid)*

Cerrojo	**Latch** *(latch)* **Lock** *(lak)*
Certificado de uso	**Certificate of occupancy** *(certéfekeit av ákiupency)*
Césped	**Lawn** *(lahn)*
Chapa	**Sheet** *(shiyt)*
Chapa metálica	**Sheet metal** *(shiyt métal)*
Chapopote	**Tar** *(tar)*
Chimenea	**Chimney** *(chemni)*
Chimenea de mampostería	**Masonry chimney** *(meisonri chemni)*
Chimenea prefabricada	**Factory-built chimney/fireplace** *(facteri-belt chemni/fáierpleis)* **Pre-fab chimney/fireplace** *(pri-fab chemni/fáierpleis)*
Cielorraso	**Ceiling** *(siling)*
Cielorraso suspendido	**Suspended ceiling** *(sespénded siling)*
Cierre de tiro	**Draft stop** *(draft stap)*
Cimiento, Cimentación	**Foundation** *(faundeyshwn)* **Footing** *(futing)*
Cincho	**Strap** *(strap)*
Circuito	**Circuit** *(serket)*
Circuito a tierra	**Ground fault circuit** *(graund falt serket)*
Cisterna	**Cistern** *(sestern)*

Cartela	Bolster	(bolst·r)
	Haunch	(jaunch)
Cartelera	Tackboard	(tak-bord)
Cartón de yeso	Wallboard	(walbord)
Casa de convalecencia	Nursing home	(nersing joum)
Cascajo	Gravel	(grav·l)
Cáscara	Shell	(shel)
Caseta de rociado	Spray booth	(sprei buth)
Casquete	Cap	(kap)
Cavidades ocultas	Concealed spaces	(kansil·d speises)
Celda	Cell	(sel)
Celosía	Louver	(luver)
Centro comercial	Mall	(mal)
Cepa	Trench	(trench)
Cerca	Fence	(fens)
Cercha	Truss	(tras)
Cercha de madera	Wood truss	(wud tras)
Cerradura	Lock	(lak)
Cerrajería de emergencia	Panic hardware	(pánec járduer)
Cerramiento	Enclosure	(encloshiur)

Capa bituminosa debajo del piso de madera	**Underlayment** *(anderleyment)*
Capa de colada/vaciado	**Pour coat** *(por cout)*
Capa de cubierta de techo compuesta	**Built-up roofing ply** *(belt ap rufing plai)*
Capa de humo	**Smoke layer** *(smouk ley·r)*
Capa de soporte	**Underlayment** *(anderleyment)*
Capa intermedia	**Interlayment** *(enerleyment)*
Capataz	**Foreman** *(for-man)*
Carbón	**Coal** *(col)* **Charcoal** *(charcol)* **Carbon** *(kárb·n)*
Carga	**Load** *(loud)*
Carga muerta	**Dead load** *(ded loud)*
Carga nominal	**Nominal load** *(namen·l loud)*
Carga permanente	**Dead load** *(ded loud)*
Carga sísmica	**Earthquake load** *(erth-kueik loud)*
Carga variable	**Live load** *(laiv loud)*
Cargas no balanceadas	**Unbalanced loads** *(anbalansd louds)*
Cargas vivas	**Live loads** *(laiv louds)*
Carpintero	**Carpenter** *(kárpent·r)*
Carril	**Railing** *(reiling)*

Camino peatonal	**Pedestrian walkway** *(pedestrian wak-wey)*
Caminos móviles	**Moving walks** *(muving waks)*
Camisa	**Sleeve** *(sliv)*
Campana (chimenea/cocina)	**Hood** *(jud)*
Campanario	**Steeple** *(stip·l)*
Canal	**Gutter** *(gater)* **Rib** *(reb)* **Raceway** *(reiswey)*
Canaleta	**Chase** *(cheis)* **Gutter** *(gater)*
Canalizaciones	**Masonry chase** *(meisonry cheis)*
Cancelar	**Override** *(overaid)*
Candado	**Lock** *(lak)*
Canilla	**Spigot** *(spegat)*
Canto (a canto)	**Edge (on edge)** *[edsh (an edsh)]*
Cañería, Caño	**Pipe** *(paip)* **Piping** *(paiping)* **Tubing** *(tiubing)*
Cañería principal de gas	**Gas main** *(gas mein)*
Capa	**Ply** *(plai)*
Capa base	**Underlayment** *(anderleyment)*

Caja de enchufe/tomacorriente	Outlet box *(aut-let bax)*
Caja de fusibles	Fuse box *(fius bax)*
Cajones de aire comprimido	Caissons *(keisans)*
Cal hidráulica	Hydrated lime *(jaidreited laim)*
Cal viva	Quicklime *(kuek laim)*
Caldera	Boiler *(boiler)* Kettle *(ket·l)*
Calefacción	Heating *(jiting)*
Calefactor, Calentador	Heater *(jiter)*
Calentador de agua	Water heater *(water jiter)* Boiler *(boiler)*
Calhidra	Hydrated lime *(jáidreited laim)*
Calibre	Gage/Gauge *(geidsh)*
Calificación climática	Climatic rating *(claimatek reiting)*
Caliza	Limestone *(laim-stoun)*
Callejón	Alley *(ali)*
Cámara de aire	Air gap *(er gap)*
Cámara de distribución de aire	Plenum *(plenam)*
Camino	Walkway *(wak-wey)*

Caballete	**Coping** *(kouping)* **Truss** *(tras)*
Cabeza de pilote	**Pile cap** *(pail cap)*
Cabeza plana	**Wafer head** *(weifer jed)*
Cabezal	**Header** *(jeder)*
Cabio, Cabrio	**Rafter** *(raft·r)*
Cable alambre conector	**Wire connector** *(waier kanéct·rs)*
Cable a tierra	**Ground wire** *(graund waier)*
Cable de alimentación	**Feeder cable** *(fid·r keib·l)*
Cable de enlace	**Ground bond** *(graund band)*
Cable de extensión	**Extension cord** *(extenshwn kord)*
Cable principal	**Main power cable** *(mein pauer keib·l)*
Cable neutro	**Neutral wire** *(niutral waier)*
Cable principal neutro	**Neutral service wire** *(niutral serves waier)*
Cabreada	**Truss** *(tras)*
Cadena	**Chain** *(chein)*
Caja de conexiones de empalme/union	**Junction box** *(dyankshwn bax)*

Español	English (pronunciación)
Boquilla de rociador	**Sprinkler head** *(sprinkler jed)*
Borde	**Rim** *(rem)* **Edge** *(edsh)*
Bordes del entablado	**Sheating edges** *(shiyting edyes)*
Bordillo	**Curb** *(kerb)*
Borne de enlace	**Bonding jumper** *(banding dyamper)*
Botaguas	**Flashing** *(flashing)*
Botiquín	**Medicine cabinet** *(medes·n kabenet)*
Bóveda	**Vault** *(valt)*
Brazo	**Bracket** *(braket)* **Handle** *(jand·l)*
Brea	**Tar** *(tar)*
Brida	**Flange** *(fleindsh)*
Bronce	**Brass** *(bras)*
Buharda	**Dormer** *(dorm·r)*
Bulto	**Bundle** *(band·l)*
Buscador de montantes	**Stud finder** *(stad fainder)*
Buzón	**Mail box** *(meil bax)*

Spanish	English (pronunciation)
Bastidor	**Frame** (fréim)
Bastidores de madera	**Wood framing** (wud fréiming)
Basura	**Rubbish** (rabesh)
Batería	**Battery** (batery)
Bienestar público	**Public welfare** (páblec wel-fer)
Bisagra	**Hinge** (jendsh)
Bloque, Bloquear	**Block** (blak) **Blocking** (blaking)
Bloque antifuego	**Fireblock** (fáier-blak)
Boca de acceso	**Manhole** (man-jol)
Boca de incendio	**Hydrant** (jaidrent)
Boca de inspección	**Manhole** (man-jol)
Boca de salida	**Water outlet** (water aut-let)
Bodega	**Storeroom** (stor rum) **Storage room** (stóredsh rum)
Boiler	**Boiler** (boiler)
Bomba	**Pump** (pamp)
Bomba de sumidero	**Sump pump** (samp pamp)
Bombilla	**Lightbulb** (lait-bulb)
Boquete	**Hole** (joul)

Baranda	**Guardrail** *(gard-reil)* **Railing** *(reiling)* **Rail** *(reil)*
Barandilla	**Rail** *(reil)*
Barda	**Wall** *(wal)* **Fence** *(fens)*
Barra	**Railing** *(reiling)* **Bar** *(bar)*
Barra de emergencia	**Panic bar** *(pánec bar)*
Barra de refuerzo	**Rebar** *(ríbar)*
Barra de anclaje	**Stud anchor** *(stad einker)*
Barra ómnibus de carga	**Hot bus bar** *(jat bas bar)*
Barras de apoyo/soporte	**Grab bars** *(grab bars)*
Barras desviadas	**Offset bars** *(afset bars)*
Barrera antihumo	**Smoke barrier** *(smouk berrier)*
Barrera contra corriente de aire	**Draft stop** *(draft stap)*
Barreta	**Bar** *(bar)*
Barro	**Clay** *(kley)*
Barrote	**Stud** *(stad)*
Base de techo	**Subroof** *(sabruf)*

Bajante	**Stack** *(stack)*
Bajante de aguas negras	**Soil pipe** *(soil paip)*
Bajante sanitaria	**Soil stack** *(soil stack)*
Bajopiso	**Subfloor** *(sab·flor)* **Underlayment** *(anderléiment)*
Balcón	**Balcony** *(bálkeni)*
Baldosas	**Floor tile** *(flor tail)*
Baldosas cerámicas	**Ceramic tile** *(siramik tail)*
Bandeja de carga	**Hot bus bar** *(jat bas bar)*
Bandeja neutra/a tierra	**Ground/neutral bus bar** *(graund/niutral bas bar)*
Bandeja portacables	**Cable tray** *(keibl trei)*
Banqueta	**Sidewalk** *(saidwak)*
Bañera, Bañadera	**Bathtub** *(bath·tab)*
Baño	**Bathroom** *(bath·rum)* **Restroom** *(restrum)* **Toilet compartment** *(toilet kampárment)* **Water closet** *(water klaset)*

Aspiradora	**Vacuum** *(vakium)*
Astilladuras	**Spalling** *(spaling)*
Astrágalo	**Astragal** *(ástrag·l)*
Atado	**Bundle** *(b<u>a</u>nd·l)*
Atarjea	**Sewer** *(súer)*
Atiesador	**Stiffener** *(stefener)*
Atmósfera común	**Common atmosphere** *(cam·n atmosfir)*
Atrio	**Atrium** *(éitriam)*
Autocierre	**Self-closing** *(self-closing)*
Autoenrasado	**Self-furring** *(self-ferring)*
Autoignición	**Self-ignition** *(self-egneshwn)*
Autoluminoso	**Self-luminous** *(self-lumin<u>a</u>s)*
Automático	**Automatic** *(autom<u>á</u>tic)*
Autoridad competente	**Building official** *(belding <u>a</u>fesh·l)* **Code official** *(coud <u>a</u>fesh·l)*
Azotado	**Plaster** *(plast·r)* **Plastering** *(plast·ring)*
Azotea	**Roof (flat)** *[ruf (flat)]* **Terrace** *(térras)*

Armadura	**Truss** *(tras)*
	Reinforcement *(ri-enforsment)*
Armario de exhibición	**Showcase** *(shou-keis)*
Armazón	**Framework** *(fréim-wark)*
	Frame *(fréim)*
Arquitecto	**Architect** *(arke-tect)*
Arraigado	**Embeded** *(embeded)*
Arriostramiento	**Bracing** *(breising)*
Artefacto	**Fixture** *(fextiur)*
Artefacto de combinación	**Combination fixture** *(kambeneishwn fextiur)*
Artefacto de iluminación	**Light fixture** *(lait fextiur)*
Artefacto eléctrico	**Electrical fixture** *(electrical fextiur)*
Artefacto sanitario	**Bathroom/Plumbing fixture** *((bath-rum/plaming fextiur)*
Ascensor	**Elevator** *(eleveitor)*
Asentamiento	**Slump** *(slamp)*
Aserradero	**Lumber mill** *(lamber mel)*
Asfalto	**Asphalt** *(ásfalt)*
Asilo de ancianos	**Nursing home** *(nersing joum)*
Áspero	**Coarse** *(cors)*
Aspirador	**Aspirator** *(áspereitor)*

Apagador	**Circuit breaker** *(serket breik·r)* **Switch** *(swetch)*
Aparato de ensayo/prueba	**Test apparatus** *(test aparatus)*
Apartamento residencial	**Apartment house** *(apartment jaus)*
Apoyo	**Support** *(suport)*
Aprobado	**Approved** *(apruvd)*
Arandela	**Grommet** *(grámet)* **Washer** *(washr)* **Gasket** *(gasket)*
Arcilla	**Clay** *(kley)*
Área bruta/total	**Gross area** *(gros erea)*
Área cargada/sometida a carga	**Loaded area** *(louded erea)*
Área ilimitada	**Unlimited area** *(anlemeted erea)*
Área de refugio	**Refuge area** *(réfiudsh erea)*
Área segura de dispersión	**Safe dispersal area** *(seif dispérsal erea)*
Arena	**Sand** *(sand)*
Areniscas	**Sandstone** *(sandstoun)*
Argamasa	**Mortar** *(mort·r)*
Armado	**Framed** *(fréimd)*

Construccionario	alz-anu

Alzado	**Façade** *(fasad)* **Front (of a building)** *[front (av ei belding)]*
Amarre, Amarra	**Binder** *(baind·r)* **Tie** *(tay)*
Amortiguador	**Suppressor** *(sepresr)*
Ampliación	**Addition** *(adeshwn)*
Ancianato	**Nursing home** *(nersing joum)*
Ancla de retención	**Hold-down anchor** *(jold daun enker)*
Anclaje	**Anchor** *(enker)* **Anchorage** *(enkeredsh)* **Fastener** *(fasn·r)*
Anclaje mecánico	**Mechanical anchorage** *(mecánec·l énkeredsh)*
Andamiaje	**Scaffolding** *(scáfolding)*
Andamio	**Scaffold** *(scáfold)*
Anticorrrosivo	**Corrosion-resistant** *(karroshwn riséstent)*
Antisifonaje	**Antisiphon** *(antaisaifen)*
Antorcha	**Torch** *(torch)*
Anulación	**Abatement** *(abeitment)*
Anular	**Override** *(overraid)* **Abate** *(abeit)*

Aleación principal	**Parent alloy** *(pérent aloy)*
Alero	**Eave** *(iv)*
Aleros voladizos	**Eave overhangs** *(iv over-jangs)*
Alfarje	**Wainscot** *(wéinscat)* **Wainscoting** *(weinscating)*
Alféizar	**Sill** *(sel)* **Splay** *(spley)*
Alimentación eléctrica para estufa/cocina	**Range power outlet** *(reindsh pauer aut-let)*
Aliviar	**To vent** *(tu vent)*
Aljibe	**Cistern** *(sestern)*
Alma (columna/viga)	**Web (column/beam)** *[web (kálemn/bim)]*
Almacén	**Warehouse** *(wérjaus)*
Almacén de líquidos	**Liquid storage warehouse** *(lékuid stóredsh wérjaus)*
Almacenamiento en pilas altas	**High-piled storage** *(jai-paild stóredsh)*
Alquitrán	**Tar** *(tar)*
Altura	**Height** *(jait)*
Aluminio	**Aluminum** *(alumen<u>a</u>m)*
Alzada (de mortero de cemento)	**Grout lift** *(graut left)*

Construccionario

ala-ale

Alambre	**Wire** *(waier)*
Alambre conductor	**Conductor wire** *(kanductr waier)*
Alambre de paca	**Wire tie** *(waier tai)*
Alambre de pollo	**Chicken wire** *(cheken waier)*
Alambre de relleno	**Filler wire** *(féler waier)*
Alambre de soporte	**Wire backing** *(waier baking)*
Alambre para amarres	**Tie wire** *(tai waier)*
Alambre rastreador/testigo	**Tracer** *(treisr)*
Alarma de incendio manual	**Manual pull station** *(maniual pul steishwn)*
Alas (columna/viga)	**Flanges (column/beam)** *[fleindyes (kálemn/bim)]*
Albañil	**Mason** *(méison)*
Albañilería	**Masonry** *(méisonry)*
Albardilla	**Coping** *(couping)*
Alberca	**Swimming pool** *(sweming pul)*
Alcance	**Scope** *(scoup)*
Alcantarilla	**Culvert** *(kalvert)* **Sewer drain** *(súer drein)* **Conduit** *(kanduit)* **Storm drain** *(storm drein)*
Aleación para soldar	**Brazing alloy** *(breising aloy)*

Acoplamiento de compresión	**Compression coupling** *(kampreshwn kapling)*
Adherido en secciones	**Spot mopped** *(spat maped)*
Aditivos y mezclas	**Additives and admixtures** *(adetevs and admekstiurs)*
Adosado	**Doubled** *(dab·ld)*
Agarradera	**Handle** *(jand·l)*
Agarre	**Grip** *(grep)*
Aglutinante	**Binder** *(baind·r)*
Agua caliente	**Hot water** *(jat water)*
Agua no potable	**Nonpotable water** *(nanpótab·l water)*
Agua potable	**Potable water** *(pótab·l water)*
Agua templada	**Tempered water** *(temperd water)*
Aguas negras	**Sewage** *(sueish)*
Aguas residuales	**Waste water** *(weist water)*
Aguja	**Spire** *(spaier)*
Agujero	**Hole** *(joul)*
Agujero ciego	**Knockout** *(nakaut)*
Aire libre	**Open air** *(open er)*
Aislamiento, Aislante	**Insulation** *(enseléishwn)* **Insulating** *(enseleiting)*
Aislante plástico	**Plastic insulator** *(plastek enseléitor)*

Abanico	**Fan** *(fan)*
Abertura	**Opening** *(opening)*
Abertura de limpieza	**Cleanout (chimney)** *[klinaut (chemni)]*
Acabado	**Finish** *(fenesh)*
Acanalado	**Splined** *(splined)* **Riffled** *(ref·ld)*
Acanaladura de chimenea	**Chimney chase** *(chemni cheis)*
Acceso	**Access** *(acses)*
Acceso para bomberos	**Fire department access** *(fáier d·partment acses)*
Accesorio	**Fitting** *(feting)* **Fixture** *(fextiur)*
Acera	**Sidewalk** *(saidwak)*
Acero	**Steel** *(stil)*
Acero fundido/ moldeado/colado	**Cast steel** *(kast stil)*
Acero galvanizado	**Galvanized steel** *(galvanaizt stil)*
Acero inoxidable	**Stainless steel** *(steinles stil)*
Acoplamiento	**Coupling** *(kapling)*

Pronunciación Simplificada

☞ Acentos: Se han puesto acentos sólo en las palabras que pueda haber duda.

☞ Vocales:

a es una vocal abierta entre la *a* y la *e*. No existe en español.

a̱ es una a cerrada que resuena en la parte posterior de la cavidad bucal. No existe en español.

e es una e cerrada y que resuena en la parte posterior de la cavidad bucal. No existe en español.

u es una u cerrada. Después de la *o* sólo se usa para cerrar el diptongo rápidamente.

o vocal abierta casi como para decir *a*.

iy es una *i* larga.

☞ Otros símbolos usados:

dy es un sonido fuerte de la *y* o *ll*.

s̱ suena como el zumbido de la abeja.

th como la z castellana (thin) o **th** como d en (then)

Contenidos

Prefacio iii

Reconocimientos v

Pronunciación simplificada viii

Español-Inglés A—Z 1

Herramientas 91

Frases útiles 99

Los números 101

Los meses del año 103

Los días de la semana 107

Tablas de conversión por unidades 103

Factores de conversión 105

Reconocimientos

En primer lugar debemos reconocer el trabajo de Terry Eddy, Gerente de Recursos Humanos de ICBO, quien tuvo la idea original de elaborar un diccionario práctico de términos de la construcción para personas bilingües, y quienes no lo son tanto, dentro la industria de la construcción. También debemos reconocer a los demás miembros del equipo de ICBO que contribuyeron en la creación de esta guía.

Hacemos patente nuestro agradecimiento a Sergio Barrueto, Director de Servicios y Programas Internacionales, quien estuvo a cargo de la revisión técnica y a David Jamieson por su asistencia en la edición. Debemos también reconocer la creatividad de Maria Aragón, Especialista en Mercadotecnia al nombrar esta guía bilingüe. También agradecemos a Suzane Nunes, Coordinadora de Elaboración de Productos, por su confianza en este producto y por mantenernos alerta en el proceso de su elaboración.

Agradecemos profundamente a Phillip Ramos, Jefe de Obras Públicas de la Cuidad de Stanton, California, Mark Stevens, contratista independiente; Benjamín Rodríguez, representante de la Unión de Carpinteros; David Bautista, representante de ventas de productos de la construcción, y Miguel Lamas, inspector de obras de la Ciudad de Pomona, California, por sus valiosas contribuciones.

Nota del editor: Uno de los mayores retos en el aspecto de pronunciación fonética fue dar al usuario una forma sencilla para abordar un problema lingüístico complejo. Las guías de pronunciación en los dos idiomas fueron desarrolladas desde una perspectiva de comunicación básica y no desde la perspectiva del sistema fonético internacional—como se realiza en la mayoría de diccionarios de idiomas.

Alberto Herrera
Editor

International Conference of Building Officials
5360 Workman Mill Rd.
Whittier, CA 90601
Tel: 800-423-6587 · 562-699-0541
Fax: 562-699-9721
E-mail: products@icbo.org

Prefacio

El *Construccionario*™ fue elaborado para facilitar comunicación entre las comunidades de habla inglesa e hispana que trabajan en el área de la construcción y para incrementar la calidad y la seguridad pública en el trabajo. Es el resultado de una amplia investigación realizada a diferentes niveles de la industria de la construcción y del arduo trabajo de un equipo de voluntarios y personal especializado de ICBO. Uno de los objetivos del *Construccionario* es mejorar la efectividad y la comunicación en la obra y en la oficina —siendo éste un objetivo que se comparte con la reciente publicación en español del *Código Uniforme de la Edificación*™ (*Uniform Building Code*™). Asimismo, provee una base sólida en la tarea de la unificación del uso de términos de la construcción en América Latina y el sector de habla hispana en Estados Unidos.

Esta guía es una herramienta de fácil uso que contratistas, trabajadores de la construcción, ingenieros, arquitectos, técnicos, autoridades públicas e inspectores de la construcción encontrarán útil en sus tareas cotidianas. Ya sea en la obra, en la oficina, en el mostrador de la oficina municipal en E.U. o en América Latina, esta guía le ayudará a encontrar los términos de la construcción mas comunmente usados en el trabajo.

El *Construccionario* ha sido elaborado pensando en la industria de la construcción y contiene una colección única de términos de la construcción edilicia, frases usuales, nombres de herramientas y tablas útiles. Aun así, este es un documento en proceso de cambio que continuará creciendo y mejorando; por lo tanto ICBO agradece de antemano sus comentarios. Por favor envíelos, incluyendo otros términos que le gustaría ver en futuras ediciones del *Construccionario*, a la dirección indicada en la siguiente página.

Sergio M. Barrueto, P.E.

Construccionario

Fecha de Publicación: Julio de 2000
Primera Impresión

ISBN # 1-58001-035-0

COPYRIGHT © 2000
por

El Líder Mundial en Publicación de Códigos
5360 Workman Mill Road
Whittier, CA 90601-2298
www.icbo.org
(800) 423-6587

DERECHOS RESERVADOS. Esta publicación es propiedad intelectual de International Conference of Building Officials. Todos los derechos reservados, inclusive el derecho a reproducir todo o en partes o en cualquier forma. Para información en obtener permiso para copiar material que exceda el uso adecuado, favor de contactar: ICBO Publications Department.

MARCAS REGISTRADAS: Construccionario y *Constructionary* son marcas registradas por International Conference of Building Officials.

Comentarios y críticas constructivas dirigidas a esta publicación son bienvenidas, y todo comentario será considerado para futuras revisiones. Favor de enviar comentarios a: *products@icbo.org*.

Impreso en los Estados Unidos

CONSTRUCCIONARIO™

Español-Inglés

Términos de la Construcción Actualizados y Frases Útiles